時代太喧囂，幸好有老子

汪涌豪 著

Eastern Philosophy

Lao Zi

黑格爾 *Georg Wilhelm Friedrich Hegel* —— **德國哲學家**

老子的著作中，尤其是《老子》，最受世人崇仰，**他的學說是真正的哲學思想**。老子的信徒們說老子本人即是以人身而永遠存在的上帝。我曾在維也納看過老子的著作。老子書中特別有一段重要的話常被引用：「有物混成，先天地生。寂兮寥兮，獨立而不改，周行而不殆，可以為天下母。吾不知其名，字之曰道。」有一個混沌的東西，比天地還早出現。它無聲無形的獨自存在卻從來不曾改變，它運行不停，可以說是天下的根源。我不知該怎麼稱呼它，姑且就稱它為「道」吧。

托爾斯泰 *Лев Николаевич Толстой* —— **俄國文學家**

老子學說的基礎在於：人首先意識到自己是與其他人是分離的，人是只為自己謀幸福的有形體的個人；不過，他還會意識到另外有一個無形體的完美存在（道），它存在於一切生物之中，並賦予全世界以生命和幸福。這兩個意識的差距，就是人類追求道德的來源。

海耶克 *Friedrich August von Hayek* ———— **奧地利經濟學家**

他的「自發性秩序」(spontaneous order)名垂青史，被尊為當代自由經濟的鼻祖。而海耶克將老子奉為「思想教父」，認為《老子》中**「我無為而民自化，我好靜而民自正」這句話，是對「自發性秩序理論」最經典的描述。**

康德 *Immanuel Kant* ———— **德國哲學家**

老子所稱道的「上善」在於「無」，這種說法：以「無」為「上善」，也就是一種通過與神格相融合，從而透過消滅人格而取得自我感覺消融於神格深淵之中的意識。

卡夫卡 *Franz Kafka* ———— **捷克猶太裔作家**

老子的哲學是堅硬的核桃，我被它們陶醉了，但是它們的核心，卻對我依然緊閉。

謝林 *Friedrich Wilhelm Joseph von Schelling* —————— **德國哲學家**

《哲學與宗教》(Philosophie der Offenbarung)中指出:「道不是人們以前翻譯的『理』,道是門。」老子哲學是「真正思辨的思想」,老子完全深入到了「存在」的最深層。

海德格 *Martin Heidegger* —————— **德國哲學家**

老子的「道」能解釋為一種深刻意義上的「道路」,即「開出新的道路」,它的含義要比西方人講的「理」(Vernunft)、「精神」(Geist)、「意義」(Sinn)等更原本,其中隱藏著「思想著的道說」或「語言」的「全部祕密之所在」──《走向語言之途》(Unterwegs zur Sprache)

尼采 *Friedrich Wilhelm Nietzsche* —————— **德國哲學家**

《老子》思想像一個不枯竭的井泉,滿載寶藏,放下水桶,便唾手可得。

《老子》是距今兩千五百年的經典，全世界發行量僅次於《聖經》。知名哲學家黑格爾、文學家托爾斯泰、哲學家康德、文學家卡夫卡、哲學家尼采、哲學家海德格皆相當推崇《老子》。

老子

Contents

《時代太喧囂，幸好有老子》目錄

禍兮，福之所倚；
福兮，禍之所伏。

信言不美，美言不信。

夫唯不爭，故天下莫能與之爭。以其不爭，故天下莫能與之爭。

前言・老子幽默又犀利的智慧

古今中外，但凡偉大的人物，其出生與離去通常都充滿懸念。但像老子這樣，連究竟是誰、生在何時何地都成為問題的還真不多。後來，他被奉為道教的祖師，化身仙界，許多事情就更難說清。

二十世紀，學界曾就他的身世謎案，包括他是否寫過《老子》一書，展開過專門的討論，可惜本書的篇幅不容我們逐一介紹。讀者如想知道，可以去看《古史辨》的第四、第六兩冊。這裡，我們只想就他的思想以及這種思想之於當下的意義作些解說。我們想證明，他短短五千言的敘說，包含有非常深刻偉大的思想，並且這種思想直至今天，仍能給人以深切著明的啟發。

看看我們身處的世界，「後現代」與「後後現代」的俗世裡，一切的變化都發生得太快，一切的發生又表現得太充分太極端。那種欲望彌盛，虛浮日長，可見大到國家、小到家庭的一切場合；那種任情妄作，違性逆行，又可見各種追趕階段心態失衡的各色人等。所以，飽受現實困擾的人們才會暫時擱下眼前身心不得迴旋的苦悶，返身向古人借取智慧。或以為，等到病已入骨，問題如山高，才想到安靜下來，聽老子教誨，是不是有些晚了？但老子從來就是這樣的人，他不因為人們曾經輕忽他的告誡而放棄對人性的救贖。儘管他**看似很有原則，但更能寬容**。他的大道坦易，他的網漏吞舟。他以天地為教室，川谷草木為教具。老子說，只要你從此一刻開始聽從自然的指引，你就不會無救。

這樣的思想，放在任何一個地方，任何一個年代，都注定不會被埋沒。它像一個能生成熱能的發光體，照徹世界的邊際和人性的背面，既反襯世道的荒敗，也引導人生的歸趣。晚清魏源曾說：「聖人經世之書，而《老子》救世書也。」今天，歷史的景況已然發生巨大的改變，但我們好像仍然能夠認同這樣的判斷。為什麼？原因並不複雜，因為他老人家提出的問題，依然還在那裡。

本書就是想針對這些問題，對老子的思想作一些解說。或許有人會說，老子的這些思想太過簡約，不夠豐富。我們不想反對，只相信它會改變。還有，如今，因被人拿來與類似養生術、生態學、自由經濟理論甚至宇宙熱力學定律做連結，還有類似萬人誦讀《老子》以申請金氏世界紀錄的盲目哄抬，老子似乎不再寂寞。但他老人家會認可這種哄抬嗎？我們的回答是否定的。但是我們也不想反對，而只相信它會改變。

我們還相信，對能夠善體其意的讀者，老子仍有期待。這個讀者自然可以是閱讀中文的人也可以是外國人。事實是，確乎也有許多外國人為老子的思想所折服。如果他能知道，兩千多年後，有像托爾斯泰這樣的偉人，為能讀到他的教誨而深自慶幸，又有像卡夫卡這樣不世出的天才，直言對他的思想有無限的欽敬，他應該能夠欣慰。後者並稱「老子的哲學是堅硬的核桃，它們令我陶醉，但是它們的核心，卻對我依然緊閉」。

我們想問的是：你覺得這個「核桃」向你敞開了嗎？或者，你是它樂意敞開的那個人嗎？

放下眼前「得失」，不執著也就不計較了

道可道，非常道；名可名，非常名。

道混同有無稱作「玄」。這是《老子》五千言開宗明義就說了的。就「玄」的本意而言，原是指一種陰黑的顏色。大自然中，但凡幽遠而無所至極者，其色無不呈現為黑色，或近於黑色，譬如極天，譬如遠水。所以，老子借用它來指稱大道既不可測識又不能分別的深奧和幽遠。老子在言說大道的徵象如「谷」或「牝」時，都突出其「玄」的特徵，故有「知其白，守其辱（此處「辱」，意為「黑」），為天下谷」（第二十八章），「谷神不死，是謂玄牝」（第六章）之說。

正因為「玄」有此精義，常被解釋為妙。老子要人時時處處皆能體「玄」，就是

要人體會此精妙，體悟到「道」生成天下萬物，並內化於萬物之中，使之各具穩定的屬性。老子稱這個為「德」，故他說「道生之，德畜之」。其後才是物形與勢成，即萬物得以呈現出各自的形態，順應了各自的環境。老子還特別推崇「道」作育萬物而不居其功的美德，所謂「生而不有，為而不恃，長而不宰」，即它既不自炫其能，也不橫加主宰，更不據為己有。他將這種德性稱為「玄德」，正是因為它有備極深遠的內涵。所以他又說：「玄德深矣遠矣，與物反矣。」所謂「與物反矣」，是指能返歸本真。能返歸本真，在他看來，也就是達致「大順」之境（第六十五章）即自然之境了。

關於「生而不有，為而不恃，長而不宰」一句，《呂氏春秋》作者以為體現了老子「貴公」的思想。他還說了一則小故事：荊地有人丟了一張弓，但不急著找回來，人問其故，說是：荊人丟了荊人撿，同是荊人，為什麼非得找回來？孔子聞此，欣賞之餘，又稍稍感到有些缺憾，他說：「能除去這句話中的『荊』字才好。」老子聽說後，則說：「能除去這句話中的『人』字才好。」老子是在玩語言遊戲嗎？當然不是。當孔子對荊人的說法作出糾正，以為其太執著於「國別」的時候，老子進而對他的說法再行糾正，因為孔子的話太執著於「物我」了。正如《呂氏春秋》作者揣測的，他的意思是，「天地大矣，生而弗子，成而弗有，萬物皆被其澤，得其利，而莫知其所由始」，所以何必非要「人」得到弓才好呢？道既能不有、不恃、不宰，**人爲何不能體道而行，放下得失呢**？

由推崇「玄德」，老子還主張觀察事物要「滌除玄覽」（第十章），「玄覽」即玄鑑的意思，就是讓人深入內心，以心為形而上之鏡，讓心光照徹事物這樣一種直覺而神妙的感物方式，用《淮南子．修務訓》中的說法，就是「執玄鑑於心，照物明白」。老子以為，只有如此察識萬物，才能夠沒有瑕疵，而離真正的有道不遠。離有道不遠，也就具有了「微妙玄通，深不可識」（第十五章）的本領。

要說明的是，這裡的「深不可識」不是指一個人有太重的心機，深自隱匿。恰恰相反，是說他不同於形氣穢俗之人，急不可耐地求利圖欲，讓人一眼就看得到底。他清心、寡欲、深沉、安和，和光同塵而不主貴賤，與物大同而又無跡可見，不要說有深度的人可以一望而知，就是一般人也難以認識清楚，這就是「玄同」（第五十六章）。老子很推崇這樣的境界。

作為道的別稱，「玄」不可得其形而名之，「玄德」難得，「玄鑑」難有，「玄同」

不易，但唯其如此，它才讓人尋尋覓覓，讓老子費盡了心力。

《老子》原文

➤道可道，非常道；名可名，非常名。無，名天地之始；有，名萬物之母。故常無，欲以觀其妙；常有，欲以觀其徼。此兩者，同出而異名，同謂之玄。玄之又玄，眾妙之門。（第一章）

➤故道生之，德畜之；長之育之；亭之毒之；養之覆之。生而不有，為而不恃，長而不宰，是謂玄德。（第五十一章）

今譯

可以言說的道，不是天地永恆之道；可以言說的名，不是真常不易之名。

無，是天地的本始；有，是萬物的發源。

所以常體無，想要觀照道的幽妙；常體有，想要觀照道的端涯。

無和有這兩者，出處同而名有異，都可稱之為幽昧深遠的道。幽深再幽深，是一切玄妙的門徑。

所以「道生」成萬物，「德」畜養萬物；助長它化育它；安和它穩定它；養護它庇佑它。使其生長卻不據為己有，有所興作卻不自恃己能，專主其事卻不橫加主宰，這就是最幽深的德。

注釋

常：馬王堆漢墓帛書《老子》甲乙本均作「恒」。

常道：天地永恆之道。

常名：真常不易之名。

無：指天地初無形相的本始。

天地：馬王堆漢墓帛書《老子》甲乙本、北京大學藏西漢竹書《老子》均作「萬物」。

有：指萬物的根源和原有形質。

常無，欲以觀其妙：常體察無，以觀道的幽妙。

常有，欲以觀其徼：常體察有，以觀道的端涯。徼：端涯、涯際。

此兩者，同出而異名：帛書本作「兩者同出，異名同胃（謂）」。

玄：幽昧深遠謂玄。

衆妙之門：一切玄妙的門徑，此處指「道」而言。

道生之：指萬物由道而生。

德畜之：指萬物由德載育。馬王堆漢墓帛書《老子》甲乙本、北京大學藏西漢竹書《老子》無「德」字。

亭：《倉頡篇》：「亭，定也。」

毒：《廣雅．釋詁》：「毒，安也。」

覆：天載地覆之覆，此處亦化育之意。

不有：不據為己有。

不恃：不自恃其功。

不宰：不橫加主宰。

適度的「缺少」，人生更美麗

是以聖人為腹不為目，故去彼取此。

眾所周知，在西方，官能感覺作為動物感覺，是被排斥在美的領域之外的。從畢達哥拉斯起，希臘人就僅將聽覺與視覺視為審美感官，因為前者能看到對稱，後者能聽到和諧。古希臘哲學家亞里斯多德也說，聽覺與視覺的快感是人的快感，不像吃喝帶來的快感僅滿足人的生理，屬動物的快感。英國美學家夏夫茲博里（Shaftesbury）說：「眼睛一看到形狀，耳朵一聽到聲音，就立刻認識到美、秀雅與和諧。」將這個意思說得更清楚了。

之後，康德在《判斷力批判》提到，美是超越利害、不依賴概念的合目的性形式的同時，仍以味覺、嗅覺為近於「機體之官」，不如聽覺、視覺和觸覺之近於「智慧之官」。黑格爾則指出：「藝術的感性事物只涉及視聽兩個認識性的感覺，至於嗅覺、味覺和觸覺則完全與藝術欣賞無關。」「藝術品應保持它的實際獨立存在，不能與主體只發生單純的感官關係。」更後來的美學家利普曼和哈曼等人也是如此。

華人有著「類萬物之情」的致思習慣，不好對五官作這樣明晰的區分，相反，認為此數者彼此感通，皆有助於人對外物的認識和對美的反映。但老子始終是一個特別的人，在人們慣常的思維面前，他總顯得有些與眾不同。他的意思，與美味會使人口欲敗壞一樣，紛雜的色彩只會讓人眼花繚亂，放蕩的音樂只會使人耳朵失靈。他還將感官之知與人的日常行為聯繫起來，指出人縱情狩獵容易流於放蕩，追逐財貨容易偏離正道。因此**聖人應該追求最低標準的滿足並甘之如飴，而能摒棄聲色誘惑與無節制的物欲享受。**

所謂「聖人為腹不為目」，聽起來很有一點形而下的饕餮意味，與其作為思想者的形象大相矛盾。其實，他是用口腹的安飽，即最基本的生活需要，來代指一種簡單的生活，人一旦滿足了這種需要，就應該努力開始精神的追求。從這個意義上說，簡樸是一切生活的常態，**簡單的生活正是讓生命單純的最適切的標誌**，而適度的「缺少」恰恰也最可以產生美麗。所以，老子要人「實其腹」「強其骨」。林語堂的英譯將「腹」解讀為「內在自我」（the inner self），以與「目」所代表的外在自我或心裡的欲望相對，其實有些深求了。這裡，他所講的「腹」就指口腹之腹。老子以為心裡的欲望若無度，就會敗亂人的心性和意志，所以他要人「虛其心」「弱其志」，所以主張「不為目」。

放眼中外，人類早期，那些披著粗棉粗麻的先哲，大多過著比一般人都要樸素的生活，他們發出的呼籲也幾乎與老子相同。有的人聽到了這個呼籲，進而體悟到「足食即美餐」的道理。可還有許多人沒有聽到，或聽到了也沒有給予應有的重視。至於那些不知敬重者，更以為這是先哲謀生乏術的遮掩之辭，進而對他們產生一種眼淺量窄的優越感來。想想老子的教訓，真該感到不好意思啊！

《老子》原文

》是以聖人之治，虛其心，實其腹，弱其志，強其骨。常使民無知無欲。（第三章）

五色令人目盲；五音令人耳聾；五味令人口爽；馳騁畋獵，令人心發狂；難得之貨，令人行妨。是以聖人為腹不為目，故去彼取此。（第十二章）

今譯

所以聖人治國，要人心靜無欲，口腹安飽，減損他的心志，增強他的體魄，常讓人民沒有詐偽之智與貪婪之欲。

繽紛的色彩使人眼花；紛雜的音樂讓人耳聾；過分追求美味使人口味敗壞；縱情狩獵讓人放蕩失常；追求稀有的東西使人行為不軌。所以有道之人重視肚子的安飽而不追逐聲色，所以捨棄那後者而取前者。

注釋

虛其心：指保持內心的虛靜。

弱其志：指保持心志的柔韌。

五色：指青、赤、黃、白、黑。

目盲：此處指眼花繚亂。

五音：指宮、商、角、徵、羽。

耳聾：此處喻聽覺不靈。

五味：指酸、苦、甘、辛、鹹。

爽：敗，引申為傷、亡，此處喻味覺差失。

發狂：指放蕩失常，不知自制。

妨：害，傷。

剛剛好的私心，反而更踏實

> **天長地久。天地所以能長且久者，以其不自生，故能長生。**

我們在後面的篇章還會進一步體會到老子的辯證法思想。在這裡，老子告訴我們，正如天底下所有的事物都是「有無相生」的，這「前」與「後」也緊緊「相隨」（第二章）。唯此之故，聖人立身處世，為了占人先機，首先得置人身後，甚至把自己暫時忘掉。如此先人後己，**不把自己太當回事，他才有可能得到人們的尊敬，並被人樂意地推舉爲自己的首領**。此時，非但生命可保無虞，他所安享的發自人們心底的由衷愛戴，足以讓他欣慰無比。**由於這個人的無私行爲，最終竟成就並落實了他的「一己之私」**。

如果說，老子還能夠接受人們的私心的話，那就僅止於此了。所以，在說及江海能容納百川的道理時，他把這個意思再強調了一次。他認為只有這樣，**人們才不會因其占據著上位而感到負累；甚至有時他占盡了先機，人們也不會覺得自己的利益受到了妨害。**

以前，許多人都認為老子的這個說法太過投機，暗藏著功利。其實，老子不過是切事近理罷了。試想，一個人能從裡往外透著無私，是多不容易的事情，它常見嗎？符合現實嗎？想到為了達成這樣的境界，這個好人將要受到的種種扭曲與戕害，甚至有可能再不能以正常人的樣子出現在公眾面前，我們還是更習慣一個與自己差不多的同類。

所以，我們不必要求人無所畏懼，因為人正需要對天地和他人有所敬畏；我們也不必要求人真的能做到大公無私。人活一世，大部分時候遭遇到的都是與「極其公平無私」無關的小事，有時候，**「公正」的關容易把，反而那些與「公正」無關的小事才著實惹得人心煩**。在公司，在社交圈，在名利場，這樣的情景每天都在上演。所以，人是可以有私心的，甚至是需要的。但你在「無私」上表現得太清高，反而使人感到不踏實，感到自己太蒼白無力，面目可憎。你什麼都不要，那別人怎麼辦？又怎麼想？這樣日子一久，你很快就會失去群眾的。沒了群眾，怎麼能體現出你的無私呢？

當然，真正領會老子精神的人們，也**不應該期待自己紅得發紫，卻總希望別人過得慘白，時時占住光源對著自己，而不想讓別人發熱閃光**。獲得了名聲，不放棄得利；獲得了利，仍不肯放棄名。讓跟著你的人累死，你自己則一個人快活至極。你不是以自己超前的思想和超凡的人格引領大眾，你只是地位超前了，很多時候，甚至還是犯規的超前。結果與體育比賽一樣，必將孤獨地出局。這時候，再切實地感知「後其身而身先」的道理，就為時太晚了。

對著利欲薰心的人們，老子已經夠有耐心。他沒來得及繼續說完的道理，我們是不是應該好好體會呢？

《老子》原文

天長地久。天地所以能長且久者，以其不自生，故能長生。

是以聖人後其身而身先；外其身而身存。非以其無私邪？故能成其私。（第七章）

是以聖人欲上民，必以言下之；欲先民，必以身後之。（第六十六章）

今譯

天地長久。天地所以能夠長久，是因它無私，所以永恆而無窮。

所以有道之人置身人後，反而能占得先機；置自己於度外，反而能保全自己。不正是因為他無私嗎？反而成就了「一己之私」。

所以有道之人要想居於人民的上頭，必須謙下地對他們說話；要想走在人民的前頭，必須掩身其後。

注釋

不自生：不為自己而生。

長生：指長久。景龍本、《次解》本、吳澄本、寇才質本、危大有本作「長久」。

後其身：把自己放在後面。帛書乙本作「退其身」。

成其私：成就一己之私。

聖人：王弼本缺此二字，據帛書本、景龍本、傅奕本、河上公本等古本補。

懂得包容的「柔軟心」才是真正的「硬實力」

上善若水。

古希臘哲學家泰利斯把水當作世界的本源，亞里斯多德說他之所以這樣認為，是因為看到一切生物皆依賴水的滋潤。老子也喜歡水，並認為上善之人，必有水一樣的善性。

什麼是水的善性？萬物處上它處下，萬物處易它處險，萬物處順它處逆，萬物處潔它處穢，此所謂「處眾人之所惡」也。在老子看來，這種善處下，能積深，施與萬物而仁愛無私，順應自然降水，平靜無為因地成形的特性，正是大道的最好體現。

人如果能由水的這些善性，體悟到立身處世的道理，由此謙虛而安於卑下，深沉而玄

妙不測，博愛而無所不施，誠信而一諾千金，並行事端正，生活簡單，處後不爭，因時屈伸，就是君子。

是啊，能屈能伸可見其身段柔軟，避高處下可見其和氣親民，這樣的人行走四方，所到之處自然是月白風清，廣受歡迎的。所以老子又說：「江海所以能為百谷王者，以其善下之，故能為百谷王。」（第六十六章）不過，你千萬不要以為水只有柔弱，老子又特別指出，攻堅克強，那也只有水能做得到。誰能小看了水！

孔子也是水的崇拜者，《說苑》記載他有一次回答子貢的提問，稱：「夫水者，君子比德焉。遍予而無私，似德；所及者生，似仁；其流卑下句倨皆循其理，似義；淺者流行，深者不測，似智；其赴百仞之谷不疑，似勇；綿弱而微達，似察；受惡不讓，似包；蒙不清以入，鮮潔以出，似善化；至量必平，似正；盈不求概，似度；其萬折必東，似意；是以君子見大水必觀焉爾也。」他對水的讚美大抵與老子相同。由此一端，可見君子之所以仁山樂水，比德自況，實在是有著共通的理由。

今天看來，在水的諸種美德中，「容汙納穢」一項尤其不易做到，移之於人，凡事理解包容尤其難能可貴。所以中國人每說：「水至清則無魚，人至察則無徒。」西方諺語也說：「水淺無船行。」（Where the water is shallow, no vessel will ride.）**想一想人生一世，要遇到多少事，接應多少人。生命的幽暗處自然有煙有霧，倘不能寬容，這日子還能過嗎？**所以，就包容或寬容而言，不是你應該，而是你必須。但許多人體會不到這一點，凡事不能包容，遇到切己之事更不能寬容，結果弄到一身狼狽，孤家寡人，男的沒有朋友，女的難覓丈夫，自己照鏡千般好，轉頭回身乏人應，狂走四方，難有當意，這份曠男怨女的淒清，哪裡是寂寞兩字可以道盡的。

由此想到，一種文化也是如此，也需要彼此理解與包容。現在的我們已經是一個跨文化的存在，要發展，僅僅與自己的文化對話遠遠不夠，還要與其他的文化和傳統對話。西方文化固然有許多不好的地方，但中國文化同樣也如此，為什麼我們仍然癡迷它不能放棄它呢？所以對於不同文化的審視應該要寬容加包容，學習它的優點，正視它的缺點。你不進入到這種文化中去，永遠不會知道它怎麼不好，更不會知道如何避免這種不好。

我們的結論是，一個人追求至善至美，必定缺乏包容，並不能寬容；一種文化追求至純至潔，也必定不能有自信的拿來和宏大的展開，必定無法與其他文化和睦相處，從而淪為一種「曠男怨女」般的文化。

這樣單調敗壞的風景，正可以用窮山惡水來形容了。

《老子》原文

▶上善若水。水善利萬物而不爭，處眾人之所惡，故幾於道。居善地，心善淵，與善仁，言善信，政善治，事善能，動善時。夫唯不爭，故無尤。（第八章）

▶天下莫柔弱於水，而攻堅強者莫之能勝，以其無以易之。（第七十八章）

今譯

上善之人如水。水善於滋潤萬物而不與萬物爭，常留止於眾人所不願意待的地方，所以最接近於道。善人如水一般，善於選擇地方，心地善於保持寧靜，待人善於存心仁愛，說話善於遵守信用，為政善於無為而治，處事善於盡力而不逞，行動善於掌握時機。只因為不好與人相爭，所以沒有怨咎。

天底下最柔弱的莫過於水，但攻堅克強的能力沒有什麼東西能勝過它的，因為沒有任何東西能取代它。

注釋

上善若水：上善之人，其性如水。

幾：近。

淵：形容沉靜。

與：相與。

政善治：為政善於達治，此指用無為而達治。「政」，王弼本作「正」。景龍本、傅奕本、蘇轍本、林希逸本、范應元本、吳澄本及眾多古本均作「政」。「正」與「政」同。

動善時：行動善伺時機。

尤：怨咎。

順勢優雅謙退，做一個笑到最後的人

金玉滿堂，莫之能守；富貴而驕，自遺其咎。功遂身退，天之道也。

說起來，引退這一步對許多人來說，可能一輩子都沒機會走到，因為大部分人還沒有體會過功成名就的滋味。這邊尚未粉墨登臺，那邊已設計好退場機制，怎麼說都有點太早。但考慮到將要到來的各種可能，對正努力著往前走的人們，這樣的念頭又未嘗不是一種很好的預警。

老子說，對一個物件而言，端持著使之盈滿，不如作罷的好；捶擊它使之尖銳，不可長保無恙。物是如此，人也同樣。譬如財富，一味地占有，**讓自己賺得盆滿缽滿固然好，但背負得多，既不能跑快，又不易放下，長久地保有更有困難，終究是一件**

痲煩事。再譬如名位，你苦心經營，所獲頗豐，固然足可誇耀，但躊躇四顧，驕傲自滿，必會招來禍殃。《管子．白心》也說了：「持而滿之，乃其殆也；名滿於天下，不若其已也。」這就大好而不妙了。因此，你一旦成功，若智慧足夠，就應選擇退出。

中國人本著天人合一的傳統哲學觀，極善於從大自然中獲得有益於人生的教訓。看到一日之中，太陽升高到中天就開始西沉，四時之運，月亮盈滿到頂點就開始虧蝕，很自然地就體悟到天意忌滿、人意知止的道理。老子說，如果你真的體悟到了這個道理，還留戀什麼？又貪什麼？你固然應隨萬物興起而動，更應隨天道無為而止，不多造作，不多興事，並「生而不有，為而不恃，功成而弗居」（第二章）乃至「功遂身退」，這樣功名才有可能不棄你而去。這，就是「天之道」。

當然，「身退」未必就一定得避其位而去，歸隱林泉，堅臥不起，或許你的經驗和威信是後人永續發展的財富。倒是如何做到功成而不有、不持、不據、不發露，頗能考驗人的智慧。揣摩老子的意思，似乎是這樣的：**一個人不能居功自傲，更不要因爲有一點功勞，就事事求例外，到處招搖。**這樣的話，即使身退了，影響不退，大不利於後人的施展；影響退了，心沒有退，又大不利於個人的健康。既然都已經退到後臺了，就應該忘了前臺鑼鼓。因為它已經不屬於你了。

再想一想人的一生，所謂財富也好，名位也罷，從有「追求」的念頭那一刻起，不就連帶著許多不盡體面的事嗎？甚至不就可以說是一種罪惡嗎？都說只有自然擁有，才有可能成為一種美德。你是自然擁有的嗎？或者，你擁有得自然嗎？這樣一想，你就放下啦。

記得孟子說過，孔子之道是「可以退則退」，老子則告訴你，就是為了自己，你也必須選擇退，因為這更合乎天道。至於他教你選擇在聲望達到頂點的時候退，是讓你可以最後博一回豁達的美名，所以他是善體人意的。

又記得清代思想家王之春《養靜箴言》曾說：「謙退是保身第一法」，想來他一定是熟悉《老子》的。巴斯卡《沉思錄》曾說：「我們如此自以為是，居然希望自己的聲名傳遍全世界，甚至讓那些在我們死後才來到世間的人們也知道。我們又如此虛榮，身邊三五個人的好評就能給我們帶來愉快和滿足。」他是否讀過《老子》呢？還有，西方有句諺語「勇退即勇績」（A brave retreat is a brave exploit），發明這句格言的人有沒有讀過《老子》呢？誰都不知道。但因為都是說人的問題，應該有一點共鳴。

這個世界，已經有許多人從官場和職場中全身退出了。水窮處，雲起時，不時可見到他們寒江獨釣的身影。這樣的人，真是有福。看到他們，你也有福。

《老子》原文

持而盈之，不如其已；揣而銳之，不可長保。金玉滿堂，莫之能守；富貴而驕，自遺其咎。功遂身退，天之道也。（第九章）

今譯

執持盈滿，不如適時停止；顯露鋒芒，銳勢難保長久。金玉滿堂，沒人能夠長守；富貴驕狂，必將自取禍殃。功成身退，本是天道自然。

注釋

持：執持。

盈：盈滿，此處有驕傲自滿之意。

已：止。

揣：捶擊。

銳之：使尖銳，此處有顯露鋒芒之意。「銳」，郭店簡本作「群」。

功遂：功成。河上公本、傅奕本及多種古本「功遂」作「功成名遂」。

天之道也：指自然規律。「也」字今本缺，據帛書本補。

愈買愈多？貪欲變成煩惱的源頭

塞其兌，閉其門，終身不勤。開其兌，濟其事，終身不救。

在討論人的修養功夫時，老子提出了這一點。所謂「天門」，並非像有的注家所說，指道和心，也不是指「天下所由從」或「萬物所由出」。它指的是人的耳目口鼻等具體的感官。因耳為聲之門，目為色之門，口為食之門，鼻為嗅之門，且凡此諸端雖盡屬欲門，又皆為天所賦予，故稱「天門」。

《莊子．庚桑楚》說：「入出而無見其形，是謂天門。」《天運篇》又說：「其心以為不然者，天門弗開矣。」由心以為不然，則耳目口鼻皆不為用的說法可知，古人以為感官是受人思維控制的。那麼，怎樣控制呢？老子提出的方法是「為雌」，即居下而守靜。那麼，又怎樣居下而守靜呢？他提出了「塞其兌，閉其門」六個字。

「兌」者口也，引申為人的一切孔竅，這些孔竅被人用為嗜欲之具，故前面我們已稱它們為「欲門」。老子的意思是，如果我們塞住所有引起人嗜欲的感官，關閉一切擾亂人清明的門徑，我們將終身不受滋擾。倘若不是這樣，任意敞開自己的感官，接應一切紛雜的世相，我們就很有可能因徒長虛浮的智巧，而陡增傾覆無救的危險。

這話聽起來有些消極，為什麼人不可以奮身迎向聲色氣味呢？按理來說，有道之人與行道之士是最該如此做的。不迎向前去，備嘗甘苦，人怎麼能得到心性的鍛鍊？又怎樣提高自己的修為呢？其實，這樣想是誤解老子了。老子沒這麼脆弱，也沒有一味回避人應該直面的種種現實問題，他不過是說，**你最好別恣意地敞開這扇門，放出欲望的小鬼，讓它們牽著你走向連自己都不知道的所在**。比之用明澈的智慧之光，照徹事理與人心的蔽障，如何打開通向你內心的門，可能是一個更重要的問題。

對照老子向來強調的主張，或許可以這樣理解，老子已經窺破了欲望門後的諸般與一切，所以才收攬起投向外在的心光，讓它洞穿人的心門，去回照人的內體之明。他認為提高人的修養這一點非常重要，所以第五十六章又將此六字重複了一遍。以後，他還會進而說到「不出戶，知天下；不窺牖，見天道」（第四十七章）這樣的話題。話說得雖然簡單，但始終前後相應。首尾一貫處，一點都不見氣懈，不見力弱。

《老子》原文

- **天門開闔，能為雌乎？**（第十章）
- **塞其兌，閉其門，終身不勤。開其兌，濟其事，終身不救。**（第五十二章）

今譯

感官接觸外界，能守靜嗎？

塞住嗜欲的孔竅，關閉嗜欲的大門，終身都沒煩擾。開啟此門，增其多事，終身不得救贖。

注釋

天門：喻感官。

爲雌：居於雌，即守靜之意。王弼本誤為「無雌」。然帛書乙本、景龍本、傅奕本及其他古本均作「為雌」。

兌：口。引申為孔竅。

門：此處指人的欲門。

勤：勞。

濟：成。

魯蛇不是別人說了算。那些看似無用的地方，其實大有用處

鑿戶牖以爲室，當其無，有室之用。故有之以爲利，無之以爲用。

有些道理乍一聽，你一定不服它的淺顯，但往往就是這種道理最深刻，給你的影響也最長久。老子對「有」與「無」的論說就是如此。到現在，你已經無數次地佩服過老子的睿智與深刻，但因為如此簡單的事理，你心悅誠服地向他老人家脫帽致敬，恐怕還是頭一遭吧。如果你把它說給別人聽，別人不一定會信。

這回老子用來引出話題的依然不是什麼玄遠深奧的東西，它們就存在於你的身邊。譬如你做一個木輪子，用木條連接輪圈與車軸，木條與木條之間是空的吧，老子說：唯其中間是空的，才派上了車輪的用場。同理，和陶土做一個食器，食器中間也

必須留空，唯其留空，才可以用來盛湯。最直觀的例子是，你造一所房子，中虛外實，而且要在四壁開門鑿窗。只有四壁當中是空的，空氣通過門窗四下周流，那才可以當房子住啊。他的結論是：**「有」之所以能給人帶來實際的便利，都是因爲這個「無」在起作用，正是這個無用，成就了天下物事的大用。**所以，「有無相生」（第二章），有用與無用實在是一件不能輕斷的事情。

想問的問題是，你能由此推想下去嗎？譬如人文是不是不如科技有用，小說是不是不如自鳴鐘有用。在許多人看來，事實就是如此，比之後者，前者簡直一無所用。但杜斯妥也夫斯基的作品與蒸汽機同時代，現在蒸汽機已屬博物館的古董了，杜斯妥也夫斯基的作品卻仍然穿戴著光鮮的裝幀，給人以深切的感動。再推想下去，中國人經常說「百無一用是書生」，書生經常搬來一大堆理論，逞意氣，圖口快，說是學術爭鳴，其實還不是吵來吵去，成事不足，敗事有餘，所以自來人們都稱其為「窮措大」（比喻貧窮的讀書人），或是爭鋒吃醋的兩腳書櫃。但你想過嗎？一個社會倘若沒有讀書人在那裡指手畫腳地挑剔，不留情面地批評，能進步嗎？事實是，**讀書人是最敏感而自信的一群，也是最需要放大和實現自己的一群，儘管現實常常事與願違。**因此，他們通常不為錢吵，不為官吵，只為想法吵。吵過以後，心平氣順，握手論心，是可以成為朋友的。所以法國哲學家列維說：「知識份子就是爭吵。」說是爭吵，其實就是永遠保持著精神的自由。保持了這份傲岸的精神自由，他就可以站在社會的彼岸，用德國學者洪堡的話說，成為這個社會的「校正力量」。校正什麼？校正那些哪怕已經形成優勢的力量，因為並非所有強勢的力量，都能將社會引向健康的方向。或許，就最終結果來看，未見得有用。但即便是這樣，對一個社會的精神成長而言，它或許已經發揮出了影響。

畢竟這個世界上有許多事，許多人，需要無用之人的提點。更有許多書與有用無關，而僅為無用的理想或情趣存在。只要想一想世上沒有了這樣的無用之物，人生將單調到什麼樣子，你就明白老子實在是偉大。

由此再想到，**人既要帶著成事的目的做事，又不能時時帶著這樣實用的目的生活**，其情形就好像是交友，脾性相投之外，自然難免還有有用的考慮，但僅為了有用與人結交，就有些可怕了。你說，是不是這個道理？

再回到知識份子的話題。愛因斯坦曾經說過這樣的話：「用專業知識教育人是不夠的，透過專業教育，學生可以成為一種有用的機器，但不能成為一個和諧發展的人。要使學生對價值（社會倫理準則）有所理解並產生出熱烈的情感，那才是最基本的。」他好像也是在強調無用。

《老子》原文

三十輻，共一轂，當其無，有車之用。埏埴以為器，當其無，有器之用。鑿戶牖以為室，當其無，有室之用。故有之以為利，無之以為用。（第十一章）

今譯

三十根輻條集聚到轂，有了車轂中空處，方始成就車的作用。

陶土製成器皿，有了器皿中空處，方始成就器皿的作用。
開鑿門窗建造房屋，有了屋內中空處，方始成就房屋的作用。
所以「有」給人帶來實利，全是靠「無」在發揮它的作用。

注釋

輻：車輪中連接軸心與輪圈的木條。古時車輪輻條數目取法月數，由三十根構成。

轂：輪中插軸的圓孔。

無：指轂的中空處。

埏：和；埴：土。即和陶土做成器皿。

戶牖：門窗。帛書甲乙本、北大本無「以為室」三字。

有之以爲利，無之以爲用：依王弼注為「有之所以為利，皆賴無以為用也」。

08

「愛」太多是負擔，對別人、對自己都是

寵辱若驚，貴大患若身。

關於愛，老子講得不算太少。譬如「愛民治國，能無為乎？」（第十章）王安石是一個能幹且有天下抱負的人，他為《老子》做注，對此的解釋是：「愛民者，以不愛愛之乃長；治國者，以不治治之乃長。唯其不愛而愛，不治而治，故曰無為。」（容肇祖輯《王安石老子注輯本》）這是從愛造成的結果來說的。所謂多愛多敗，因為你管得太多，掌握得太嚴格，必定擊沉了人民的創造熱情，並使之倍感失敗和壓抑。有不能成事者，還進而養成了事事依賴朝廷的偷懶與惰性。是所謂愛民，適足以害民。故與其如此愛，真不如不愛。

而從施愛者的角度來說，在做到「自知不自見」的同時，老子又要求他們能「自愛不自貴」（第七十二章），即在知所能與不能並不自顯其能的同時，持身嚴謹，清心寡欲，而不是自尚高貴，感覺良好。因為這樣做的話，很可能會過分放大自我，最終必然會招人厭棄，落一個不能自愛的罵名。

可要做到「自愛不自貴」談何容易。究其原因，老子一針見血，在「有身」。他說：「寵辱若驚，貴大患若身。」

何謂「貴大患若身」？在同一章有一段落，他加以闡述說明：「吾所以有大患者，為吾有身，及吾無身，吾有何患？」他的意思是人既有此身，愛之、貴之自是應當，但這一切須循自然之理以應物，而不是放縱私欲以害物，須安不忘危，存不忘亡，而不是自私其身，貪戀權位。若能做到這種不自私其身，那人又能有什麼禍患呢？這裡，他所說的「無身」，很可以為上述「自愛不自貴」作一注腳。如此，能夠以貴身的態度去為天下，知道珍重一己生命並施及天下蒼生之命，老子認為就可以把天下交給他了。能夠以愛身的態度去為天下，知道不能以一己之欲覆蓋天下人之所欲，也就可以把天下託付給他了。這就是此章末所謂「故貴以身為天下，若可寄天下；愛以身為天下，若可托天下」的意思。

上面的話，更像是講給聖人侯王聽的，但老子也有對一般人的愛的箴言，那就是「甚愛必大費」。過於愛或追求一個東西，必定會讓人有很大的耗費。這個東西是什麼？老子沒有明說。歷代注家多有揣測，有說指名，有說指利，也有說是指色。其實，天底下能引人欲念的東西何止這些？占著權位能免費吃大餐嗎？能免費喝美酒是嗎？想擁有香車寶馬、名邸豪宅是嗎？或許，對一些有特殊癖好的人來說，還有許多欲念，非人所能悉知。可是天底下這麼多好東西是你一人可以愛得完的？為了愛已經有的那些東西，你已經很累了。再以已有的東西為資本，去索愛更多的東西，你能避免不勝其累的辛苦嗎？所以，還是蘇轍《道德真經注》說得好啊，「愛之甚，則凡可以求之者無所不為，能無費乎？」

《老子》原文

寵辱若驚，貴大患若身。（第十三章）

» **甚愛必大費。**（第四十四章）

今譯

得寵和受辱都讓人感到驚慌，畏懼災禍也身驚。

過分追求名聲，必定會耗損許多。

注釋

寵辱若驚：得寵和受辱都使人驚慌。

貴大患若身：畏懼大的禍患也因而身驚。王純甫說此句當為「貴身若大患」，古語倒言求奇之故也。陳鼓應說因「身」與上句「驚」，真耕協韻，故倒其文。

「順其自然」過生活，內心更寬裕自在

孰能濁以靜之徐清；孰能安以動之徐生。

如何界定和瞭解讀書人，對外人來說始終是一個難題。在讀書人看來，一切與自己相關的事物都是自然而然地產生的，並且表現得十分自然，但別人不這麼看，他們的想法可多呢。如果你順適他們，很容易呆滯；你遠離他們行事很容易狂悖。以至於到後來，許多讀書人都不知道究竟該如何自處了。因此，這個世界，問「我是誰」這個問題的，就數讀書人最多。

可能老子也知道對讀書人下定義大不容易，所以多方設喻，頗費心思。這樣的當回事，以後只見於他論說「自我」與「道」那兩處。他的判斷是，古代善於行道之士，大多有玄妙莫測的通達，有非一般人可以度識的程量。由於這種通達與程量不易測識，因此從整體上說，讀書人是什麼也就不大好說了。

如果硬要說，大概就是如上所述的，既謹小慎微地順應自然，又抱樸無文，不求盈滿。其和光同塵，寬大能容，更是可稱難得。請注意，這裡因任自然之動靜，守護本真之樸厚，容納萬有之謙下，不主盈滿而常新，等等，都是老子再三強調的品德。他把這些品德都堆疊到行道之士的身上，可以說既是在定義人，也是在定義道。

其中對讀書人猶豫躊躇的描述更值得人玩味。依照《說文》的解釋，「猶」和「豫」兩字均是獸名，此二獸進退多疑，人多疑惑者與之相似，故謂之猶豫。想來，那會兒讀書人中有許多失了身分，仰祿而生。由於不敢有「仰天長笑出門去」的狂傲，所以戰戰兢兢，甚至仰人鼻息，也就是不得不如此的選擇了。

不久到了戰國，當時天下紛亂，「邦無定交」成為習尚，這批「學以居位」的士自然就再「無定主」了。他們恃才傲物，僅以一肚皮學問平交公侯，一怒而諸侯懼，安居而天下息，併入楚楚重，出齊齊輕，儼然立於潮頭，成為那場社會變局不可或缺的玩主。此時，猶豫躊躇不免易為「合則留不合則去」的輕躁與功利。他們還恭敬敦厚嗎？還謹小慎微嗎？那真是天曉得的事情了！

《老子》原文

» 古之善為士者，微妙玄通，深不可識。夫唯不可識，故強為之容：

豫兮若冬涉川；

猶兮若畏四鄰；

儼兮其若客；

渙兮其若釋；

敦兮其若樸；

混兮其若濁；

曠兮其若谷。

孰能濁以靜之徐清；孰能安以動之徐生。

保此道者，不欲盈。夫唯不盈，故能蔽而新成。（第十五章）

今譯

古時善行道者，精妙通達，深不可測。正因不可測，所以強為形容：

他遲疑慎重啊，像冬天裡過河；

警覺戒惕啊，像提防四周的交攻；

端重莊嚴啊，像是做人的賓客；

渙然無主啊，一如冰柱消融；

敦厚純樸啊，像那未剖分雕琢的木坯；

混同一切啊，像彙集了百川的濁水；

豁達寬廣啊，像那含雲納水的曠谷。

誰能像水一樣，混百川而使其動，然後繼之以靜，徐徐地讓它清澈起來；又有誰能安萬物而使其靜，然後繼之以動，徐徐地讓它滋生開來？

能保有這些道理的人，不肯自滿。唯其不自滿，所以能去舊而更新。

注釋

善為士者：王弼本「士」，帛書乙本作「道」，但驗之郭店簡本（甲組），正作「士」，似「士」字更近古義。

玄通：深沉精微而通達。郭店簡本及帛書乙本作「玄達」。

豫兮：遲疑慎重的樣子。

猶兮：警覺戒惕的樣子。「猶」，簡本及帛書乙本作「猷」。

儼兮：端重莊嚴的樣子。「客」，王本作「容」，河上公本、景龍本、傅奕本均作「客」，簡本及帛書本正同，似形近而誤。

渙兮：渙散的樣子。王弼本「渙兮若冰之將釋」，帛書本作「渙呵其若淩澤」。「淩」「冰」同義。簡本此句釋文作「渙兮其若釋」，無「冰」字，今據簡本改。

盈：滿。此句郭店簡本作「不欲尚呈」。

蔽：敝。「蔽而新成」，王弼本作「蔽不新成」。「而」「不」兩字篆文形近，故誤。

真正的優雅是懂得在「躁動中安靜自處」

致虛極，守靜篤。

我們在夜深人靜的時候，最容易聽到自然界細微的聲音。譬如風招搖樹葉的聲音，雨敲打屋簷的聲音，花瓣掉落砌石的聲音。但是，縱使周遭靜寂無聲，我們未必聽得到自己內心的聲音。

可是滾滾紅塵，吵雜的市聲，沒有聽到自己的聲音，對有些人來說是一件很不安心的事情。今人中有些是如此，古人中更多是如此。因此，**在物質的層面上，今人總是感歎不斷要面對新問題**，小而言之，許多人不會用電腦，有些人甚至不會用手機。但精神層面的情況則非如此，一切的問題似乎都是舊的，都早就存在了，只不過對有些人來說，他才剛感受到而已。老子就像是替你先感受到，並做出很好的回答。

老子說，**人應該保持自己內心的空靜，固守純一天然的清淨**。唯有如此，才能在觀物時把握到萬事萬物的本真。又說，天底下芸芸萬物，各須回歸自己的本性，這個本性就在其起始的根處。人也如此，只有反本而虛靜，才能回歸自己的本心。佛教稱呼為「自性」。然後就能夠認識往復永恆的規律了，就有了理智的清明，不容易因輕舉妄動而鬧出不可收拾的事情了。

與此相對的是「躁」，它的毛病在虛熱失重，是為輕躁、狂躁，又容易讓人失去應有的平靜與清明，變得心神不寧，是謂煩躁。所以老子說：「重為輕根，靜為躁君」（第二十六章），即清淨可以為一切躁之主。他還特別提出，聖人治理天下尤須注意這一點，用人興事，都不要輕率，同時不要躁動，這種輕率與躁動都是人欲望彌盛且不善控制的表現。**只有自己做到虛靜無欲，天下也就太平了**。此所謂「我好靜，而民自正；我無事，而民自富；我無欲，而民自樸」（第五十七章）。「不欲以靜，天下將自正」（第三十七章）。也就是這裡所引「清靜為天下正」的意思。

需要特別說明的是，老子的致虛守靜並不是要大家絕物離人，而是指**不讓外物擾**

亂人的本心，如同靜水深流，在安靜中，你的沉思才能疏浚你思想的河床。為了能做到這一點，他建議採取的姿態是：守雌、居下、貴柔、尚讓。他舉例說：「牝常以靜勝牡，以靜為下。」（第六十一章）你看那些雌性的鳥獸，似乎無知無識，但卻懂得守靜而處下的道理，因此常能讓雄性同伴低頭服輸。言下之意，人還能不如那些鳥獸嗎？

或說，天下紛紛擾擾，問題層出不窮，要保持內心的平靜比謀食、賺錢、追女朋友要難許多。此言誠是。但正因為如此，我們才要謹記，一切的高人，手段高都在形而下，**姿態高更透著假，若能神閒氣定，安靜下來了，那才是眞高**。或以為，我等中人，看來是很難達到這樣的境界了。其實在靜這一件事情上，真的是大小淺深各以類觸的，每個人可以有各自的體會。只要你想安靜，能靜一秒，就是一秒的長進。善於行道之人能在動盪中安靜下來，並慢慢地使一切澄清。我等中人，就試著多花一點功夫吧。

因為，你所急著想要的一切包括女朋友、男朋友都**只有等你靜下來以後才有可能向你走來**。更不要說，天地間一切真滋味，唯有靜者才嘗得出；人世間一切事物的真正關鍵，唯有靜者才看得透了。

這就是老子向人揭出的大靜之境。它既足以觀物，又可用以養身。它是一種人生態度，從裡往外透著智慧。用哲學家羅素的說法，那是一種「靜思的智慧」，是中國人特有的美德。

《老子》原文

➤致虛極，守靜篤。萬物並作，吾以觀復。夫物芸芸，各復歸其根。歸根曰靜，靜曰復命。復命曰常，知常曰明。不知常，妄作凶。（第十六章）

➤躁勝寒，靜勝熱，清淨為天下正。（第四十五章）

今譯

要致虛於極境，致靜於深篤。

萬物競生，我識察出循環往復的道理。

萬物紛紜，各返歸其本根。返歸其本根就叫靜，這可謂復歸於本原了。復歸本原叫作萬物變化的常態，認識這種常態的永恆規律就是明白道理。不認識常這種永恆規律，就會輕舉妄動鬧出事來。

人躁動生熱或可禦寒，心靜自涼方可應熱。清淨無為可以為天下君長。

注釋

致：推致。

虛：形容心靈空明不帶成見。

極：極度、頂點。

篤：意同「極」。

並作：競相生長。

復：返，指萬物的往復迴圈。

夫：郭店本、帛書本、北大本作「天」。

芸芸：原指草木的繁盛，此指眾多。

歸其根：歸返其原初的本始。

靜曰：王弼本及河上公本作「是謂」，今據景龍本、敦煌本、傅奕本及諸古本改。

復命：復歸本性與本真。

常：萬物變化運動的永恆規律。

正：長也。君長。

最上乘的管理心法：「誠信第一」則上行下效

信不足焉，有不信焉。

一個人對事情反對得很強烈，通常就會出現很強烈的支持。老子強烈地反對有為，所以很自然地，他強烈地支持一切無為，從天地萬物到人間的嬰兒。現在他要說誠信一事的重要，**說一個統治者如果誠信不足，人民就不會相信他**。但即便如此，他仍是基於無為的立場，並從此角度來說的。

何以見得？我們看，在說及此意之前，老子首先區分了不同的世道和不同的統治者。他說：「太上，下知有之；其次，親而譽之；其次，畏之；其次，侮之。」這裡的「太上」猶言最上，指大道之世，那時的人們相忘於無為，人民只是感覺到有君上的存在（因爲他們通常能知無爲）；其次的世道也還好，人民願意親近並讚美君上（因爲他們通常清淨無爲）；再其次就不對了，人民開始怕君上（因爲他們不能堅持無爲）；最後，乾脆不畏死，紛紛輕慢他們，甚至在背後責罵他們（因爲他們過分堅持有爲）。

在說及此意之後，老子又強調了**爲政不在多言**的道理，這一點我們後面還會專門談到，老子在別處還有許多強調。總之，他的意思是，**一個統治者如果能不輕易頒布號令**（即不多興事，仍是強調無爲的意思），**並充分相信人民的覺悟與能力，人民的感覺就會很好，就會憑著良心，各安其事**。等到萬事底定，「功成事遂，百姓皆謂：我自然」，也就是會感覺到，這些事情本來就應該是那樣做的。這個表述，似已包含了執政者如何尊重人，並善於調動人參政議政的意思。我們無意於在這裡比較，這種認識與「民可以樂成，不可與慮始」「民可使由之，不可使知之」的觀點孰是孰非，但至少，再往他頭上扣愚民的帽子時，是應該看一下尺寸了。

然後，我們再尋繹老子把這八個字放在上述語境中的真意，就能發現，他實際上是想說，如果一個統治者或聖人真的是有誠信的，那麼他用道來治理天下就可以了。正因為你對自己是否誠信信心不足，你才會在施政時，既施加仁義，又用刑法管束。

與此同時，人民也就開始不信你了。此其一。其二，如果你真的有足夠的自信，相信自己有誠信，那麼你就不會那樣熱衷於建言興事，迭出法令，絮絮叨叨，評功擺好。由於你有話不輕易說出口，一旦說出口又雷厲風行，人民就覺得你是一個有誠信的人，自然就會相信你。有鑑於此，你就更不需要多說什麼，多頒布什麼法令了。

第二十三章，老子討論為政當避急暴的問題，最後部分，他又把這八個字重複了一遍。那個語境，也是關乎無為的。

《老子》原文

信不足焉，有不信焉。（第十七章）

今譯

統治者誠信不足，人民就不相信他。

注釋

信：誠信。

世事弔詭，越欠缺的往往越重視

大道廢，有仁義；六親不和，有孝慈；國家昏亂，有忠臣。

老子的話，經常提供人用另一隻眼看問題。其實是另一個角度。有時角度變了，看見的東西也會跟著改變。或以為，若一個人不安於從慣常的角度看問題，他不是瘋子，就是天才。兩者的區別在哪裡呢？最弔詭的一種是這樣的：倘他住在你家的隔壁，那他就是瘋子；倘他活在教科書裡，就是天才了。所以，在老子的時代，儘管他自以為自己的話知易行易，但沒有人願意照他說的去做。但對於今天的人來說，老子活在遙遠往古，如今安居史冊之中，所以，儘管我們同樣不能按他說的去做，但我們大概還知道承認，他是一個不世出的天才。

我們不能按照他老人家的話去做，最明白不過的一件事就是，我們老愛吵著做一種泛道德或超道德的宣傳。譬如我們不只要人克己奉公，還要人能夠絕對大公無私；我們要人節衣縮食不夠，還要人假裝豐衣足食；我們的孩子都已經迷失到追星追掉了父親的性命，我們還在說他們天性純善。事實與想道德宣揚太不值得相信，久而久之，一些人難免開始不相信，開始懷疑。

但是我們還是那樣宣傳著那些道理。怎麼辦？聰明人就借老子的慧眼，正面文章反面看，反面文章側面看了。當你們拚命宣傳人心返樸，可以理解為，原來許多人都已經不知道孝順父母了；當你們拚命宣傳鄰里互助，又可以理解為，原來許多人已經不知道同住一層樓，隔壁家主人是男是女了。這確實讓有些人始料不及，錯愕之餘，開始心悅誠服地承認老子真的是天才。

老子教導的意思被我們加以說明，可以歸結為：六親和睦，誰不是孝慈；國家方治，誰又不是忠臣？或者說，六親真的和順，就無所謂孝與慈，也成就不了孝與慈的名聲，因為大家都一樣模範；國家真的治平，就無所謂忠與奸，也顯不出忠臣的難得了，因為大家都一樣稱職。而現在要拚命地鼓吹孝慈，宣傳忠臣，不就表明六親已經不和、國家已經昏亂了嗎？想想當日「爭地以戰，殺人盈野；爭城以戰，殺人盈城」的亂世（《孟子‧離婁上》），許多人唯利是圖，根本不管天下生民，老子的話真讓人警醒！

所以有智慧的人說：「某種德行的表彰，正由於它們特別欠缺的緣故；在動盪不安的社會情景下，仁義、孝慈、忠臣等美德，就顯得如雪中送炭。」其情形一如「魚在水中，不覺得水的重要；人在空氣中，不覺得空氣的重要；大道興隆，仁義行於其中，自然不覺得有宣導仁義的必要。等到崇尚仁義的時代，社會已經是不純厚了」。（陳鼓應《老子今注今譯》）

不知道聽了這話，你怎麼想？或許應該收起那些空洞乏味的說詞，不用再傳道啦。

《老子》原文

大道廢，有仁義；六親不和，有孝慈；國家昏亂，有忠臣。（第十八章）

今譯

大道廢弛了，才有仁義凸顯；家庭不和了，才有孝慈彰顯；國政昏亂了，才有忠臣挺生。

注釋

大道廢，有仁義：簡本及帛書乙本作「大道廢，安有仁義」。

六親：父、子、兄、弟、夫、婦。

忠臣：簡本作「正臣」，帛書及傅奕本作「貞臣」。

最精妙的智慧能產生最精妙的愚蠢

民之難治，以其智多。故以智治國，國之賊；不以智治國，國之福。

智至於善辯，是人所欣羡的事，起碼不被人討厭。但老子是最善於從根柢處發問的人。這回他想問的是，這樣的大行智辯難道好嗎？顯然，他是有答案的。所以他提出要棄絕這些東西。當然，他深悉做到這一切的艱難，以及為了做到這一些，人們將會付出怎樣的代價，但既然它們實在不是什麼好東西，有這些東西盛行更絕對不會有什麼好世道，他仍然堅持著要發出自己的質疑。

在他看來，一個清明的世道應該是不爭不貪的，一個清明的君子也是一樣。而且在行此原則的時候，他全然基於內心的德性，自然而然，不著痕跡。上古時，人們大抵如此。但後來智慧出，大偽起，情況就不一樣了。為了滿足一己的欲望，獲得更多的利益，許多人開始朝邪路上開發，往詐偽上使力，於是天下不再太平。

老子認為，**在這個不太平的世界中，幾乎所有人都沒站對位置。善良的人爲了生存，偶爾行此精明的智辯，弄得心很疲累而所得不多。**倒是那些不善的，不孝不慈，反倒一無顧忌，獲利不少。至於在上者，老子在其他地方都說了，貪多務得，更是手段迭出機關算盡。一般人的貪與壞一望而知，並可善加規避，唯有備極詐偽者的貪與壞，因用心深細，智謀老到，壞到了心底，最是難防。聯繫《韓非子．忠孝》所說「古者黔首悗密蠢愚，故可以虛名取也。今民儇詗智慧，欲自用，不上聽」，《八說》篇所說「古人亟於德，中世逐於智，當今爭於力」，可以推知，在老子那個時候，人心已經不怎麼樣了，或者乾脆可以說，已經開始被搞壞了。

所以，他反智。認為世道已然是這樣了，如果聖人再以智術使民，或防民之偽，那就是偽上加偽。任由這種情況發展下去，整個國家不亂套才怪！所以他說：「愛民治國，能無以知（智）乎？」（第十章）聖人之治，就要常使人「無知無欲」，「使夫智者不敢為也」（第三章）。為無為，則無不治。這也是他要說「以智治國，國之賊；不以智治國，國之福」的道理。

老子之反智，還有更深一層的意思，是他認為有必要對什麼是「智」作出準確的論定。在他看來，智只是世俗的聰明，世俗之人與人周旋，與世推移，乃至有感覺良好至於樂此不疲的，所謂與人鬥其樂無窮。為了在爭鬥中搶得先機，穩操勝算，他們既度人勢之廣狹，復量己德之厚薄，更關心的是所要攀附與投靠的主人車千乘馬萬匹的實力，真是夠心煩。平居之時，習慣使然，或者究心於琢磨人，或者想方設法算計人，並以此作為日常最切要的功課就更多了。所以他要說「知人者智，自知者明」（第三十三章）這樣的話。由於不能同時做到「自知」，這種「智」顯然不是他樂予肯定的，所以他要說民之難治是因為其智多。

今天科技昌明，知識經濟時代，再說反智的話，不免太過背時，也太過憤世。但是不是有這樣的情況呢？我們的知識越來越多，創意越來越少；美麗越來越多，性情越來越少；聰敏越來越多，實誠越來越少。以至於女孩理想中的對象，都從老實可靠改為桀驁不馴了。想想以前，一個忠厚老實的男性，就能討好女孩子和她的父母，現在不僅女兒是選「你不壞我不愛」的，就是她父母心中也每每犯疑猜想：「這個人對我女兒老實固然很好，但若對一切人都老實豈不糟糕。」女兒的字典裡，這個語境中的「壞」就是多智的意思，就是有情商，能結交，玲瓏八面，應酬四方。這應該是好的吧。

許多人在許多的情景中都這樣想，結果如何，冷暖自知。就讀過《老子》的人來說，直覺得五千言中，有些話真的像是為今天的人所設定的一樣。不僅是中國人，也包括外國人。到處都在上演聰明的喜劇。老子都懶得說什麼了，拉羅什福柯在《人性箴言》說：「最精妙的智慧能產生最精妙的愚蠢。」真是可憐，我們真是時時創造著精妙愚蠢的人類！

《老子》原文

➤ **絕智棄辯，民利百倍。**（第十九章）

➤ **古之善為道者，非以明民，將以愚之。民之難治，以其智多。故以智治國，國之賊；不以智治國，國之福。**（第六十五章）

今譯

棄絕巧辯，人民可以得到百倍的好處。

上古善於行道之人，不是教人民詐偽機巧，而是讓人民反樸歸淳。人民所以難治，是因其多用智巧。所以用智巧治國，是國家的災禍；不用智巧治國，是國家的福分。

注釋

絕智棄辯：通行本「絕聖棄智」，今從陳鼓應老子肯定「聖」為最高人格修養故不會絕聖說，並依郭店簡本所作「絕智棄辯」改正。

明：此處指人蔽其樸而知巧詐。

愚：此處指反樸歸淳。

賊：害。

想太多，煩惱也就來了

絕學無憂。

這裡說的話，其實是承上一篇而來，言辭之間，體現著老子一貫的深刻與決絕。因為為學習一件事確實存在著許多讓人不能一言道斷的情況。譬如，一個人知見的增益，往往會給自己帶來無窮的煩惱。你看那些小孩，無知無欲，天真到聽到一陣風吹過都可以樂上半天。但等到背上書包，好日子就算到頭了。學校老師的戒尺不說，光一大堆「子曰詩云」就可以把他們徹底打昏，裡面的意思都是在說西風吹落葉、浮雲遮望眼，我的天！這可真落實了「人生識字憂患始」的古話。

不僅如此，為學與知見的增益還啟人詐偽，讓人越來越脫離本性與天然，變得猶疑複雜起來，不僅對世界，對他人，就是對自己也每常如此，這是最要命也最讓人感到無奈的事情。禪宗中的高人對人自詡別無德能，不過吃了睡、睡了吃而已，一般人乍聽之下，覺得可氣又可笑。回家一想，可不，自己還真不能夠做到。因為打從心中有了天地君親師，有了一些學養與識見，自己就難免想法多多了，此時對事臨人，是依禮而從俗，還是越制而任性，每每盤桓在心，拋撇不去，真所謂千念集夜，萬感盈朝，快樂無多，而憂患方殷。更有甚者，**欲念多到無休無止，就會開始迷失了本性**，離開道心與道體就更遠啦。結果是，天文地理懂得越多，心中的溝壑就築得越深，大道坦易，容一切人過去，他連自己都過不去，這不就亂了自己的心性，壞了自己的日子嗎？所以，老子會說：「為學日益，為道日損。」（第四十八章）

為從根本上杜絕這種情況，他提出了「絕學無憂」這樣的命題，並要人不以人所常學的那一套為自己的人生教材，而去學一些人所棄置的東西；乃至以不學為學，這裡的「學不學」，不是要人徹底地棄學，而是說在你努力於學問的同時，始終不要忘了讓這個學問成為輔助無為的天道，成就人敦樸之天性的手段。為學不是目的，為道才是。為道不直接是為成己成物，說到底，它不成就什麼，它只讓你自自然然。你自然了，它就在了。

《老子》原文

絕學無憂。（第二十章）

是以聖人欲不欲，不貴難得之貨；學不學，復眾人之所過，以輔萬物之自然而不敢為。（第六十四章）

今譯

棄絕為學之事可以讓人沒有憂擾。

所以聖人喜歡眾人所不喜歡的，不以稀罕難得之物為貴；願學眾人不願學的，讓其從過錯中返歸，以輔助萬物的自然變化而不敢濫加干預。

注釋

絕：棄絕。

無憂：即無擾。此句郭店簡本接「為學日益」章，但與通行本同，置於「唯之與阿」句前。

欲不欲：以不欲為欲。

學不學：以不學為學。郭店甲組簡文作「教不教」。

復：返也。言反眾人之過，使歸於本。

以：帛書甲本作「而」，乙本作「能」，三字古通。

告別窮忙，在靜定中找回身心靈的平衡

唯之與阿，相去幾何？美之與惡，相去若何？人之所畏，不可不畏。

「我是這樣地站在那裡」，一個人之所以會有這樣特別的強調，必定是因為他通常不能與世俗相諧，也不甘與世俗相諧。他所處的地方不與人同，人所處的地方又為他所棄，故不唯道不同不相謀，即吃飯都到不了一個鍋裡，歇腳都不可能在一個驛館。

老子顯然是一個不願意與人走同一條道路的人，他別有懷抱，他的思慮包容廣大，又深邃得超越了現實的時空。所以儘管身處熙熙攘攘的人群，他仍時常會感到徹骨的孤獨，真所謂「周遭皆水，曾無一滴可飲」。所以他會決絕地說：應諾與呵斥有什麼差別？美與醜又有什麼不同？一般人所畏懼的，你也只得畏懼。或許他心裡想過，這樣的世道啊，何時會有盡頭啊！

儘管如此，他仍站在那裡。當眾人都興高采烈，如同赴宴，又如同春日出遊，登臺望遠，他卻像一個尚不知笑的嬰兒，既不反應人群，也不呼應環境。或者獨獨淡然地站在一邊，一點也沒有參與和表現自己的意思；或者落落不群，一副不知道歸向哪裡的樣子。較之人們的財智有餘，他寒傖得好像缺少了很多。眾人自暴聰明，獨他低調得收斂精光，默默無言；眾人自炫善斷，獨他愚頑得似不知取捨，無所去就。如同海一樣的沉靜；如同高天的風一樣的飄揚，他不知道自己將要去向哪裡。當別人都有可施展的時候，他只是一味愚頑。但當你們真的把他當作一個愚人，他是不能同意的。他以近乎執拗的口吻最後告訴人：我獨獨與人不同，是因為我別有一種進修道業的生活。

或以為，不知道欣賞自然，不知道呼應環境，無意於和人溝通，進而堅執於遺世獨立，這個樣子能進修道業嗎？道不遠人，人似不必如此自遠呀。可以知道現在，有這樣想法的人一定不少，他們甚至不喜歡這樣一種靜定到缺乏變化的老子的形象，他們很容易把這種缺乏變化，視為大道高上難以親近的象徵。

其實都錯了。你們難道沒有發現嗎？愚魯之人通常都是不愛放空的，反倒是冰雪聰明的常常如此。原因何在？因為愚魯之人只關心地上而不究問天上，只重視占有而輕忽生存，所以整日忙亂，並視靜處沉思為浪費工夫。可是**聰明人不一樣，就是再忙，他們心中仍具靈光，仍期待著某一個時刻，讓自己的心靈能在特別的時空受洗。**故當杯盞動，音樂起，許多靈魂告別肉體，他們總會讓一個最真實的自我登場，讓輕煙似的微哀和薄愁在心中彌散，並來也洶湧，去何纏綿。一伸手是靈與肉的將觸未觸，一回頭是物與人的方生方死。愚魯者譏笑，你這樣孤芳自賞，累不累？他聽了默無一言，只是表情更癡了一些，眼裡滿是慈忍，透著悲憫。該怎麼向人說呢？或許不只是愚魯之輩不明白，在這種靜思中，多少人導正了心靈世界的傾危，並一次次在崩潰的邊崖，為自己找回了生命的平衡。

思之深者，外在看去大多就是「呆定」的。其實，此時他的情感反應是「靜定」的，他的心裡更可以用「淡定」來形容。想一想今天的社會，看一看你周圍人的生活，有多少人擁有這樣的「靜定」與「淡定」。我們忙啊，急啊，趕場啊。如果就此省下時間是用來進道也就罷了，可省下的時間仍被我們用去匆忙趕場了，或是為名，或是求利，總之為各人的人生志業，難以一下子放鬆。看到這一切，活到今天，人群中的老子應該是更加沉默了。

《老子》原文

唯之與阿，相去幾何？美之與惡，相去若何？人之所畏，不可不畏。

荒兮，其未央哉！

眾人熙熙，如享太牢，如春登臺。

我獨泊兮，其未兆，如嬰兒之未孩；

儽儽兮，若無所歸。

眾人皆有餘，而我獨若遺。我愚人之心也哉！沌沌兮！

俗人昭昭，我獨昏昏。

俗人察察，我獨悶悶。

澹兮其若海，飂兮若無止。
眾人皆有以，而我獨頑且鄙。
我獨異於人，而貴食母。（第二十章）

今譯

應諾和呵斥，相差多少？美和醜又相差多少？眾人所畏懼的，我也不能不有所畏懼。

精神世界之深廣啊，好像沒有邊界！
眾人都興高采烈，如參加豐盛的筵席，又如春天裡登臺望景。
我卻獨自淡然靜處啊，沒什麼動靜，像足了一個不知嬉笑的嬰兒；
落落不群啊，好像沒有歸屬。
眾人的財智都有多餘，唯獨我好像不夠。我真是懷著一顆愚人的心啊，渾渾沌沌！
世人都明白得很，唯獨我暗暗昧昧。

世人都精明得很，唯獨我無所計較。
安靜啊，好像深沉的大海；飄揚啊，好像沒有止境。
眾人都有為，唯獨我愚頑而笨拙。
我不同於這世上其他人，我以能增進道的修養為貴。

注釋

唯：恭敬的答應聲。
阿：怠慢的答應聲。聲音的高低表示了等差的區別。
美：王弼本作「善」，傅奕本作「美」，簡本及帛書甲本同，故據改。
人之所畏，不可不畏：帛書本作「人之所畏，亦不可以不畏人」。
荒兮：廣漠的樣子。
未央：無盡的意思。此處指人的精神世界深廣無涯。
太牢：古代帝王諸侯用牛羊豕三牲祭祀稱太牢。

泊：淡泊，恬靜。

兆：朕兆，跡象。

孩：與「咳」同。《說文》：「咳，小兒笑也。」傅奕本、范應元本「孩」即作「咳」。

儽儽：即磥磥、磊磊、硌硌、落落，皆雙聲近義詞，謂落落不群，無所依傍。

有餘：河上公注：「眾人餘財以為奢，餘智以為詐。」

遺：不足的意思。

愚人：指淳樸敦厚之人。

昭昭：明白貌。

昏昏：暗昧的樣子。

察察：明辨貌。

悶悶：此處亦昏昧之意。

澹：澹泊，沉靜。

飂：高風，形容形無所繫。

以：用，此處指有為。

頑：愚頑。

鄙：笨拙。

食母：河上公注：「食，用也。母，道也。」喻指返道崇本。

16 大巧若拙，「自正」才能自在

絕智棄辯，民利百倍；絕偽棄詐，民復孝慈；絕巧棄利，盜賊無有。

設想人喜歡取巧，是為了花小氣力辦大事情，以小投入獲大利益，這被視為有效率的買賣和穩實的營生，自然是很吸引人投入的。然而取巧終究不如腳踏實地可靠，詐巧更是不如拙誠可信，故那種「巧言如流」「巧言利口以進其身」，素來為古人所不喜。

孔子《論語．學而》說：「巧言令色，鮮矣仁。」司馬遷《史記．仲尼弟子列傳》記載有子貢利口巧辭，長於論辯，當其口橫海市，舌卷蜃樓，把不住門時，孔子常黜其辯，讓他一邊歇著去。然而不幸的是，孔子本人也被盜跖稱為「巧偽人」，為其「搖唇鼓舌」「多辭繆說」。這當然是不看他說什麼只追究他怎麼說的偏激行為。不過說來也難怪，一般人看去，孔子就是一個不做實事的人，帶一眾弟子，四處周遊，碰上有子貢這樣巧舌如簧的，真事也會被誤認作假，所以結果是聽他的多，用他的少。以後，法家大抵不取以言下人的說士，《韓非子．八奸》就認為「為人臣者，求諸侯之辯士，養國中之能說者，使之以語其私，為巧文之言，流行之辭」，大大的不應該。《呂氏春秋．論人》也主張人應「適耳目，節嗜欲，釋智謀，去巧故」。

可能是因為這類緣故，老子不願意外出游說諸侯。有個叫柏矩的從其學，知道他有學問，力請老子出山，他淡淡地回說：「已矣，天下猶是也！」算了吧，世道已經是這樣了，他自然就不願再去蹚這渾水了。柏矩看勸他不出，只得自己遊說齊國。但到那裡一看，禁不住「號天而哭」，因為他看到齊國「匿為物而愚不識，大為難而罪不敢，重為任而罰不勝，遠其塗而誅不至」，可謂一片亂象。由於世亂，人民就跟著行偽取巧：「民知力竭，則以偽繼之。日出多偽，士民安取不偽？夫力不足則偽，知不足則欺，財不足則盜。盜竊之行，於誰責而可乎？」（《莊子．則陽》）對這一切，老子早就知道。所以他不忍心看。

但是，當人們硬要他對這個世界留下一點教訓，他只好說了，他反對弄巧。他以為智辯、偽詐和巧利等都屬於人為的文飾，「此三者以為文，不足」。既是人為的文飾，就是一種行巧，考慮到它會損害百姓的利益，隱沒其孝慈之心，並催生出賊盜之行，所以斷不可用以行世。

當然，他沒有一棍子打倒一切巧，他否定的只是「人多伎巧」的巧心、巧舌和巧佞，對像「大巧」這樣的巧，他是肯定的。在他看來，這種巧是內含著拙誠的。為了突出對這種拙誠的喜好，他甚至認為「大巧若拙」，即**真正的巧就應該是或必然是一眼看去非常樸拙的**，或者不僅是外觀看去，其內在質性就是非常樸拙的。人能行此，則清淨自正；國能行此，則盜賊不生。

看看老子生前身後的世界，有多少奸邪行奸巧之事而獲利，多少直士被巧言中傷而得罪他人，你就會深體老子的用心，感受到他對人性的深刻的悲憫。傳說孔子見老子而談仁義，回來以後，「三日不談」（《莊子．天運》）。弟子都奇怪，怎麼夫子連著三天都不開課。哲人的相遇就是這樣，既是人格的照面，更是思想的交鋒。老子的思想經常讓許多人安靜和樸拙下來。這一次，輪到的是孔子。

不過，儘管對於傳統中國人來說，「故令有所屬；見素抱樸，少私寡欲」，很值得嚮往，拙誠或正直也遠比機巧為好，但你心嚮往之可以，現實的結果往往不是這樣。

所以你要承受得住啊。故面對善良的人們，是不是應該想到，要徹底遏止投機取巧，端賴一種制度。今天，我們依然期待有這樣一個制度。

《老子》原文

絕智棄辯，民利百倍；絕偽棄詐，民復孝慈；絕巧棄利，盜賊無有。（第十九章）

今譯

絕棄智辯，可使人民百倍獲利；絕棄詐偽，可使人民恢復孝慈；絕棄機巧和貨利，盜賊自然消失乾淨。

注釋

絕偽棄詐：通行本「絕仁棄義」，從陳鼓應老子與人交往尚仁說，並依郭店簡本作「絕偽棄詐」改正。

巧：此處指詐巧、伎巧。

「示弱」不是要你委屈，「示弱」只是為了下一秒的堅強

曲則全，枉則直，窪則盈，敝則新，少則得，多則惑。

當我們說任何事情，僅就常識置論，我們只是一般人。譬如，我們說你應該設法保全自己，但不能害人；你應該努力在被擠迫中伸展自己，但不要排擠人；你應該盡可能去實現自己的理想，但不許侵奪人；你應該永遠保持清醒的理智，但不准糊弄人。聽者自然點頭，因為你說得都對。但點頭並不代表他服你。他的真實想法是：跑來聽你上課，還以為你會切要地指點什麼。哪知道，課堂上的教授一如廚房裡的大媽，大媽教導人時，還常謙稱自己「卑之無甚高論」，盡是陳腔濫調，誇誇其談，真是什麼跟什麼呀！

但如果你告訴他的不是「應該」怎麼做，而是「如何」能夠這麼做，情況就馬上不同了。老子就是這樣一個善於告訴你「如何」的人。他說，**如果你眞的想保全自己，就應該先委屈自己，唯能委屈，才能全備**。如此等等。你乍聽不懂，反身想想你和太太吵架，明明是她無知，但偏一副真理在握的樣子，你不求全行嗎？難道你真的要她承認自己弱智？如果一定要她承認，最後她也承認了，那你這日子還過不過了？這家還能不能保全？所以，有智慧的人每每皆能委曲求全。

再譬如你要堅持真理，直道而行，就會有種種的阻力，會遇到不配合的旁觀者，甚至還有別有用心地要手段陷害你。你怎麼辦？要吵架嗎？是一味地揭露別人無恥無知以維護自己的高明嗎？那最後是非是清楚了，跟著真理走的人在哪裡？當然，從根本上說，特別是拉開時空距離來看，人心總是向善的，人們必定會朝著合理與真理的方向走。但問題是，**你面對的是當下，不是千古，你把周遭的人都得罪了，怎麼去實現這個道理，並體現出自己**的高明？所以，**有時從原有的立場後退，謙虛地承認自己的堅持或有問題，最後反能使你實現自己的想法**。正如我們把頭低下，不是說我們想做鴕鳥，**我們是爲了調整一下狀態，讓自己伸得更直**。這就是老子教我們的「如何」。

其他相類似的還有，你只有讓自己虛空起來，**不主己見，才有可能志得意滿**；你只有自居於敝敗破舊，才能光景長新。老子說，這個道理其實不複雜，全都可以從大自然中體悟到。如果你還不能體會，那再去看看路口那塊窪地吧，去看看窪地邊那棵老樹吧。你一定以為它已經荒敗枯死了，你沒想到一片荒敗中，它居然有如此生機勃勃地演出，落盡了枝葉，正催發出新芽。

這個世界，多的是教人「應該」的人，能教人「如何」的則不多；教得好，像老子一樣的，更是少而又少。

《老子》原文

曲則全，枉則直，窪則盈，敝則新，少則得，多則惑。（第二十二章）

今譯

委屈反能保全，彎曲反能展直，低窪反能充盈，敝舊反能生新，少取反能多得，貪多反能致惑。

注釋

枉：屈，彎曲。

直：正也。諸本亦作「正」。「正」「直」可互訓。

懂得「不爭」的柔軟之道，才不會隨波逐流

夫唯不爭，故天下莫能與之爭。以其不爭，故天下莫能與之爭。

上古時代，人民少而財有餘，故民不爭，後來人民眾而財貨寡，加以事力勞而供養薄，民始爭。由於這個原因，古、今社會的群體道德規範與行為準則也有了變化，《韓非子．五蠹》所謂「上古競於道德，中世逐於智謀，當今爭於氣力」，就反映了當時一部分社會現實。老子的時代，比起韓非子那時，尚稱不得十足的「急世」「大爭之世」，但亂象已出，攘奪已起。置身這樣的社會裡，你要不爭，談何容易！

唯其如此，老子才將此作為一個窺破人性之惡的關鍵字，屢次提及。在他看來，「天之道，不爭而善勝」，故「人之道」也應該「為而不爭」，以合於天道。江海之

所以能匯納萬川，就是因為它能自處於低下的位置。所以，**要置身於人之上，必須先謙下地對待他們；要領先於人之前，必須得先掩身於人之後**。只有這樣，你占據著上位，人民才不感到負累；你的生活優厚於一般人，人民才不會感到自己的利益受到了侵害。

此外，老子還特別提出，為了「使民不爭」，你還須做到「不尚賢」（第三章）。你不崇尚賢才異能，民眾就不會為了爭名奪利打破了頭，那天下也就太平了。同樣的道理，**如果你是一位將帥，也不應好勇鬥狠，相反，尤其要注意避人鋒銳，不與之作正面的相爭；又要善於用人，禮賢下士**，這也是一種「不爭」。「夫唯不爭，故無尤」（第八章），沒什麼可與人爭，也就不會有怨咎臨身，就現出了自身德性，實現了自古以來最高的準則。

我們知道，孔子也講「不爭」，所謂「君子無所爭」（《論語．八佾》），「君子矜而不爭」（《論語．衛靈公》），但他之「不爭」的重點在不爭行為的主動出手，有讓人尚賢之意。而老子則不同，他之「不爭」，專意在不爭行為的被動出手，所以反讓人不要尚賢。一重在德，一重在得。聯想及《呂氏春秋．不二》所說「老聃貴柔，孔子貴仁」，似正道出了兩人的區別。**以「不爭」的柔軟身段，可以得到的比死爭要多得多**，這個道理不知道孔子學沒學到。

今天的世道，從某種意義上也可以說是「急世」，或你追我趕的「大爭之世」。人們為了嘴跑斷腿，連抬頭看一下天的工夫都沒有，如此只爭朝夕，不僅跟別人爭，還跟自己爭，以昨日之我與今日之我相比對，更拿設想中的明日之我，重重地鞭撻今日之我，告訴自己，就是為了能停留在原地，你也得拚命奔跑。**由於有了競爭心，人就失了安詳和寬裕，步履變得越來越匆忙，表情變得越來越呆滯，心緒就更別提了，是越來越焦躁沒自信。**

一般來說，人的需求越來越多，價值就會轉向外在。這個道理許多人都能理會，只是明知道不對，卻實在無力改變。以至於不等發令槍響，就衝了出去，有時搶了別人的跑道還不自知，甚至連目標在哪裡都來不及問，就踏開了步伐。如此缺乏「不爭之德」（第六十八章），可能出乎老子所料。不是老子不明白，實在是這世界變化快。不經意間，許多事情，真的已在他老人家的知識之外了。

《老子》原文

- 夫唯不爭，故天下莫能與之爭。（第二十二章）
- 以其不爭，故天下莫能與之爭。（第六十六章）
- 天之道，不爭而善勝。（第七十三章）
- 天之道，利而不害；人之道，為而不爭。（第八十一章）

今譯

正因為不跟人爭，所以天下沒有人能和他爭。

因為他不跟人爭，所以天下沒有人能和他爭。

自然的規律，是不爭攘而善於得勝。

自然的規律，利物而無害；人間的行事，施為而不爭。

注釋

天之道：自然的規律。

人之道：今本作「聖人之道」，此據帛書乙本改。

嚴苛高壓的管理方式無法長久

故飄風不終朝，驟雨不終日。

中國古代政治思想及制度的全部要義，某種意義上可以用「以德禮馭法術」來概括。早在殷商時代，伴隨著天命神權和宗法觀念的盛行，「以德配天」「敬德保民」的觀念就成為統治者為政的依據與根本。類似「明德慎罰」和「勿庸殺之，姑惟教之」的訓教，成為他們實施法治時通常遵循的準則。到了春秋時代，經孔子的提倡，「德主刑輔」和「以德去刑」的觀念就愈加為人所採信。更不要說因為古代中國受傳統宗法思想的影響，天道觀念和家族觀念深入人心，集人成家、集家成國、集國成天下成為普遍性的社會共識。這種社會共識影響及於政治思想和法則律令既深且遠，使得整個社會不同程度地彌漫著一種非法律性的認同機制。老子反對為政多言，為政苛刻，包括現在要說的為政急暴，從言說背後的道德資源來看，顯然與上述所說同源同流。

但從另一個方面說，自夏商周三代，中國就有了成文法律，所謂《禹刑》《湯刑》《九刑》。春秋以下，一直到戰國，各諸侯國為發展壯大自己，富國強兵，更是變更與制定了一系列新法。如魏國李悝（戰國時代著名思想家）所定的《法經》，就包括了「盜」「賊」「囚」「捕」「雜」「具」等一整套完備的內容，這種完備想必是經過一個較長的發展過程的。所以，老子的時代，從某種意義上可以說是一個由「脫序」開始走向重新建立秩序的時代，但由於其間變化複雜，過程很長，後來竟至於進入「失序」的狀態，指向了以後人們常說的「亂世」和韓非子說的「急世」。

所以，老子才憂心忡忡，對這種現象提出批評。有鑑於自以為是是人類的通病，那個時代的人們尤其如此，經常自炫聰明而不能隱藏才能，所以為了維持他的思想，他要人**低下頭向大自然學習，從大自然中獲得有益於人性成長的教訓與啟示**。他說，你看到過狂風刮過整個早晨，暴雨下過整個白天嗎？天行疾風暴雨尚且不能持久，何況是人？所以統治者如要安治天下，應該從中學一些東西。這裡，「『飄風』以喻暴

政之號令天下，憲令法禁是也」，「『驟雨』以喻暴政之鞭策百姓，賦稅勞役是也」。（王淮《老子探義》）

當然，不是每一個統治者都能謙虛地低下頭向自然學習，故老子特別指出：「故從事於道者，同於道；德者，同於德；失者，同於失。」也就是說，從事於道的人就合於道，從事於德的人就合於德，既失道又失德的人則一定會喪失一切。簡言之，「同於德者，道亦德之；同於失者，道亦失之」。你的行為同於德，你也會得到道；如果失於德，那麼道就會拋棄你。

不過，結果非常遺憾，在緊接著的戰國時代，不僅出現了許多人主力行嚴刑峻法，即使與他一樣的讀書人，也有不少力主嚴刑峻法。至於以後，外儒內法，內多欲而外施仁義的君主更是不絕如縷；集權專制和高壓政策之下，讀書人行戒忍用急之事的也無計其數。以至於國家政治常常朝令夕改，急於星火。你說暴政不會持久，固然如此，二世暴亡、五世而斬那樣的事歷史上還少嗎？但它時不時地，或周期性地發作一下，也實在夠讓你受的。所以我們需要制度啊。老子太出世了，他既然已經看透了人性的反面，為什麼不設計出一個完善的制度供人取法呢？可能他也有所不能吧。基於這一點，出關也好，升仙也罷，想來他遠引的步履不會太過輕鬆。

《老子》原文

》**故飄風不終朝，驟雨不終日。**（第二十三章）

今譯

所以狂風刮不了一早晨，暴雨下不了一整天。

注釋

飄風：狂風，巨風。

朝：自旦至食時，一個早晨。

驟雨：急雨，暴雨。

反璞歸真，活得更明白

有物混成，先天地生。寂兮寥兮，獨立不改，周行而不殆，可以爲天下母。

對於自己哲學最重要的範疇「道」，老子有許多抽象的表述。譬如指出「道」有「沖」的特徵（第四章），它「視之不見，名曰夷；聽之不聞，名曰希；搏之不得，名曰微。此三者不可致詰，故混而為一。其上不皦，其下不昧，繩繩不可名，復歸於無物。是謂無狀之狀，無物之象，是謂恍惚。迎之不見其首；隨之不見其後」（第十四章）。又「惟恍惟惚。惚兮恍兮，其中有象；恍兮惚兮，其中有物。窈兮冥兮，其中有精；其精甚真，其中有信」（第二十一章）。其實所有這一些，可以用一言以蔽之，就是「道」既精微和實有，又無法掌握與言說。

但這一切表述實在太玄太抽象了，說起來都很拗口。老子自知這一點，為了讓人們有更親切的體認，更確鑿的印象，他開宗明義，在第一章中就用了「母」這個事象來作譬。他說：「有，名萬物之母。」所謂「萬物之母」，是就萬物的根源而言。他說，我所講的「道」化生一切，一生二，二生三，三散而為萬物，其情形就像女人創造生命，誕育人類。故天下的本始，可以用「母」來比喻，只要認識和瞭解了「母」，就可以認識萬物。

為了進一步說明道理，他具體地說起了人的生命創造：「谷神不死，是謂玄牝。玄牝之門，是謂天地根。綿綿若存，用之不勤。」（第六章）他說，那個虛而能受變化莫測的「道」，就好似生殖化育出人類的母親，在母親的生殖之門，有著一切事物的根本。這個根本長長久久地存在於那裡，雖非一眼可見，但它不斷地勞作，無窮無盡地作用。**「道」之於天地萬物，就如同人類之於母親。人只有守護住了母親，才能確保自身的延續**，並終身沒有危險。

按照古代中國人的觀念，通常「以天為父，以地為母」（《淮南子．精神訓》）。天是陽是動，是清是虛，是雄是剛；與此相對，地是陰是靜，是濁是實，是雌是柔。天覆之而地載之，化育了包括人類在內的萬物。但老子在此是借這個比喻說自己的話，不是說他不重視天只重視地，有鑑於人人都能感知「大塊載我以形，勞我以生，佚我以老，息我以死」這樣的經驗（《莊子．大宗師》），所以他在此特別舉出「母」這個概念，來說明他要說的「道」化生萬物的道理。顯然，這個道理就很容易為人知曉。

老子進而闡述人生修養，要求人能崇本返本，能復歸於「道」。「道」生天地間，萬物仰之以生，一如人托母庇而存，所以他把「貴食母」（第二十章），看成是自己比別人活得明白、活得有意義的一個標誌。不僅如此，他還指出，就是治理一個國家也需如此。他把**積德善任有力視爲國家的「母」，也就是根本**，說：「有國之母，可以長久」（第五十九章），即**有了保衛國家的根本之「道」，就可以長久地生存下去**。這就把「道」的精義說得再清楚不過了。

所以老子是偉大的，不因為他深刻，而因為他能深入淺出。悠長的歷史，走過多少想拯救人類的哲人，但他們不是標準太高，就是說話太深奧。其中有些人發展到後來，有些像是自說自話了，結果只能對著石頭說。但是真所謂你想清楚了，也就說得清楚。你真的想清楚自己要說什麼和為什麼要這麼說了嗎？

或許，讓老子登上今天的講堂，也能受人歡迎，也必有「粉絲」無數，人人搶簽名書吧。

《老子》原文

有物混成，先天地生。寂兮寥兮，獨立不改，周行而不殆，可以為天下母。（第二十五章）

天下有始，以為天下母。既得其母，以知其子；既知其子，復守其母，沒身不殆。（第五十二章）

今譯

有一個東西混沌一體，先於天地而生。它無聲又無形，獨立而長存，迴圈運行而生生不息，可以為天地萬物的根源。

天地有本始，作為萬物的根源。既然得知了根源，就能認識萬物；既然認識了萬物，又持守其根源，終身都不會有危險。

注釋

寂兮：靜而無聲。

寥兮：動而無形。

獨立不改：形容道的絕對永恆。此句簡本作「獨立不亥」。

周：周遍、周徹之意，也可作環繞講。

殆：與「怠」

通，息。此句簡帛本無。

母：根源，指道。

天下母：帛書本及范應元本作「天地母」。然證之簡本如此，王弼本正同。

始：本始，指道。

子：此處指萬物。

如嬰兒般不計較，時時簡單時時快樂

常德不離，復歸於嬰兒。

中國人稱嬰兒為「赤子」，如《尚書‧康誥》中就有「若保赤子，惟民其康義」這樣的話。之所以這樣稱呼，或是因為嬰兒出生時沒有眉髮，通體發紅。也有另外一說，謂嬰兒降生之初，長僅一尺，「尺」與「赤」通，故稱赤子。

傳統中國人對赤子或嬰兒是有很好的評價的，老子也不例外，五千言中，三次提及，並將之視為一般人很難達到的高上境界。在粗略談及這樣的問題時，他的語氣似乎總有所懷疑，所謂「專氣致柔，能如嬰兒乎？」（第十章）你看嬰兒，蜂蠍毒蛇不刺咬他，凶鳥猛獸不會攻擊抓他，他筋骨柔弱卻握力非凡，他未識人道卻能自然雄起，他整天哭號卻不了嗓子，這是為什麼？其實，他是有答案的，那是因為他的元氣淳和啊！你能這樣把行氣與精氣結聚起來，保持住初生時的柔弱狀態嗎？老子每每用此來問不停求取名利的人們，並用此來比況，說嬰兒雖處弱小，柔弱之至，其實他們生機蓬勃，前程遠大啊。

當然，嬰兒之可效法不僅在於這一點，還在他們能夠淡然無欲，心無計較。故這個柔弱不單單是指筋骨體質的「形柔」，更指一種「神柔」，即由和而無知、靜而無欲造成的特殊的柔韌和柔強。他認為，這樣的人只有含德深厚的人才比得上。所以他要人「復歸於嬰兒」，其實是要人復歸於人性未醨的淳樸境界。

聖人自然也應該如此了。**在位時不要太堅持自己的主見，也不要太固執於實現一己之私**，這樣使人心歸為淳樸，百姓就能正常地用自己的耳目判斷是非，並安和地度日了。這個時候，應該就是不主宰、不據有、不居功的聖人最快樂的時候。這個意思，老子是用田園般的詩意語言來表達的，他的原話是：「聖人皆孩之」（第四十九章），即聖人像孩童般地看待他們。這是一份怎樣切實的滿足啊。

當我們把老子作刻板印象的理解，以為他是一個因積古而世故的老頭，滿腹經史飽經滄桑的智者，所謂酒老味醇，人老識深。老子只想告訴你，他其實十分簡單，比一般人都要簡單。前面他已經說過，當眾人興高采烈，好像赴豐盛的大宴，又好像春日登上觀遠的高臺，時時與「道」對話的他，通常獨自恬靜淡泊地站在一邊，像是尚不知道嬉笑的嬰孩。原來，他自己就是一個赤子。

或許，一個老到極致的人本來就接近於嬰兒，或漸漸地回歸於嬰兒了吧。所以，我們看孔子，周遊列國至齊國的郭門外，遇到嬰兒一雙閃爍著靈光的眸子，彷彿看到心正行端的君子，高興得喊著讓自己的御者快走近去看，說：「韶樂將升起了。」韶樂，那是美善相兼的音樂啊。在這個語境中，孔子的詩意似一點都不減老子。

愛默生《自立》曾說：「我們為孩子的美麗和幸福感到極大的快樂，這快樂使我們的心靈博大到軀殼難以容納的程度。」為什麼是這樣，僅僅是生命的延續嗎？恐怕不是。

《老子》原文

常德不離，復歸於嬰兒。（第二十八章）

含德之厚，比於赤子。蜂蠆虺蛇不螫，攫鳥猛獸不搏。骨弱筋柔而握固。未知牝牡之合而朘作，精之至也。終日號而不嗄，和之至也。（第五十五章）

今譯

常德不離失，就能回復到嬰兒的狀態。

含德深厚之人，比得上初生的嬰兒。蜂蠍毒蛇不咬他，凶鳥猛獸不攻擊他。他筋骨柔弱握力卻強。他還不識人道，生殖器就能自然挺起，這是精氣充足的緣故。他整日哭號卻不會啞嗓，這是元氣淳和的緣故。

注釋

蠆：蠍類。

虺：毒蛇。

螫：毒蟲用尾端刺人。

攫鳥：用爪取物的鳥，如鷹隼一類。此句王弼本作「猛獸不據，攫鳥不搏」，據簡本及帛書本改，以與上句對文。

朘：王弼本作「全」，嬰孩的生殖器。

作：挺起。

嗄：啞。河上公本即作「啞」。

若無實有的半滿哲學

知其白，守其辱，爲天下谷。爲天下谷，常德乃足，復歸於樸。

谷本意指山谷，因它虛而卑，曠而能受，故被老子用為道體的象徵。老子曾說：「道沖而用之有不盈；淵兮，似萬物之宗。」（第四章）指出道像一個虛而無形的容器，可以容納萬有，永無止限。這個容器如能放到至大，就是山谷或溪谷了。故他稱及古代行道之人，其懷抱沖虛，就用「曠兮其若谷」來形容（第十五章）。

谷的虛曠是一種低調，是一種謙虛，它知道光亮之耀目，卻仍能安於幽深之晦昧，如此養雲興雨，以吸納萬物，「注焉而不滿，酌焉而不竭」（《莊子．齊物論》），「益之而不加益，損之而不加損」（《莊子．知北遊》）。此外，因古人以「丘陵為牡，谿谷為牝」

（《大戴禮記．易本命》），「牝」的古義指「畜母」，即一切鳥獸中的雌性，它似又有神妙莫測化生萬物的母性的功能。如此能持「谷」的立場，進而「為天下谷」，其恆德自然充足，並自然能回歸到大道真樸的狀態。所以老子說「上德若谷」。

或以為，虛空的好處自然是在的，飽滿難道不更好嗎？老子不是說過「谷無以盈，將恐竭」這樣的話嗎？可見他也是希望飽滿的呀。其實，老子說的飽滿非關名利與財貨等具體實有之物，他要充實飽滿的是道，故說「谷得一以盈」（第三十九章）。「一」在他那裡被用為道之數，得「一」者就是得道。顯然，這種因道而盈，與我們通常說的飽滿有本質上的不同，並其表現形態也不相同，它望之若無，其實真有，是所謂「大盈若沖」（第四十五章）。這樣的「大盈若沖」是最符合老子心目中道的徵象的。

有意思的是，孔子也曾論及此意。有一次，他在周廟看到一件傾斜的禮器，就問守廟者：「聽說這個禮器有個講究，滿則覆，空則斜，只有半滿的時候才歸於正，有這回事嗎？」守者點頭稱有。孔子讓子路用水試一下，情形果然如此，他不禁喟然歎道：「天底下哪有滿而不覆的東西啊！」子路見他有感而發，就問：「那有什麼持滿之道嗎？」孔子答道：「不過注滿後又減損它而已。」子路又問：「要想減損，有什麼辦法嗎？」孔子的回答整贍而有深意：「高而能下，滿而能虛，富而能儉，貴而能卑，智而能愚，勇而能怯，辯而能訥，博而能淺，明而能暗，是謂損而不極。能行此道，唯至德者及之。」從具體用辭到所寄託的思想，都與老子相同。

谷是虛空，是處下、不爭和包容的象徵，所以被視爲道的容器乃至大道的本身。當我們自身滿是名位與財利，志得意滿，昂然四顧，或者心中充斥著前見或偏見，又專執於自己的主見，我們自以為閱歷豐富，知識博厚，家境殷實，人生完滿，這時候，聽聽這樣的教誨，再想及「滿招損，謙受益」的古訓，直如服了一帖清涼劑，脫胎換骨，非常爽快！

《老子》原文

- **知其白，守其辱，為天下谷。為天下谷，常德乃足，復歸於樸。**（第二十八章）
- **上德若谷。**（第四十一章）

今譯

深知明亮，卻安於暗昧，作為天下的曠谷。作為天下的曠谷，常德才可以充足，並回歸於真樸。

最崇高的德性就像曠谷一樣。

注釋

辱：即後起字，《玉篇》：「辱，垢黑也。」

常：恒常、永久。

上德：最崇高的德性。

大智若愚的人，最能虜獲人心

道常無名，樸。雖小，天下莫能臣。

《說文解字》曰：「樸，木素也。」木未經剖分裁割琢製成器，稱為「樸」，一如絲之未經彩染，稱為「素」，這兩樣東西都被老子用來形容道體無名而本真的狀態，所謂「無名之樸」（第三十七章），「見素抱樸」（第十九章）。它不是智辯，不是詐偽，不是貪欲，也不是巧利，這些都是為老子再三反對，並引為天下昏亂之源的東西。它只是簡簡單單地保持著自己原初的質性，原來的樣子，並對此無知無覺，既不以為這樣的質地與形色可以誇揚於人，也不會因自己過於質原貌樸而覺得不能見示於人。它看去似愚，其實是真，所以王弼注老，稱「樸，真也」。

老子要人向「樸」學習，當這個眞樸的道散而爲器物，特別是名器之器，如車服之類，由於「器以藏禮」，「車服所以表尊卑」（《左傳．成公二年》杜預注語），所以聖人用之，就可以為百官之長。而這百官之長所推行的政治，他認為也應該像樸木一樣，所謂「大制不割」。也就是說，良好而完備的制度和政治，是以天下之心為心，有道體之實之象，既未經人工之手，又沒有刀斧之斷，完整而不相割裂。或者再深求之，即使有所斷裂和乖違，也被善為彌縫，復有原初的完滿。中國古人每常用生活實事比喻政治，政治如烹飪，政治如行船，政治當然也可以如製衣，《韓非子．難二》曾記載「管仲善制割，賓胥無善削縫，隰朋善純緣」。某種程度上說，多少已觸及了這層意思。

當然，**要「見素抱樸」，聖人自己首先應該做到「無爲」**。所謂君既懷道，民自還淳，君主是一純善之人，知道榮辱立，病禍起，財貨聚，紛爭興，知道應大智若愚，大巧若拙，好清淨，不興事，無私欲，士人自然能夠「敦兮其若樸」（第十五章），人民自然也能安富，並化歸於醇厚。如此上下一體，整個社會就會「復歸於樸」（第二十八章），走上正軌。此所以老子說：「我無欲，而民自樸。」（第五十七章）

「樸」是美德，故《莊子．山木》也推崇「既雕既琢，復歸於樸」，《天道》篇進而認為「樸素而天下莫能與之爭美」。故除了與「真」「愚」等相聯言外，樸還常與「拙」「忠」「厚」「重」「訥」「誠」「實」等字組合成詞，用以稱美天性純善沒有雕琢的真人。如《淮南子．主術訓》就有「其民樸重端愨，不忿爭而財足，不勞形而功成」。孔子稱宰予「朽木不可雕也」，是因為他大白天睡覺；稱子路「樸鄙之心至今未去」，是因為他不能力學，太過野放。他固然是不討厭乃或喜歡適度雕琢的，但哪裡反對過真樸？至於法家出於行法簡明的考慮，就更尚簡尚樸了。如商鞅《商君書．農戰》就說：「善為國者，倉廩雖滿，不偷於農，國大民眾，不淫於言，則民樸壹。民樸壹，則官爵不可巧而取也。」

只是，有些遺憾，「今人之性，生而離其樸」（《荀子．性惡》）。這個「今」似乎起自三代以後，但此後天下滔滔皆是，以至於狂放不拘禮節的李白，也會在《酬王補闕惠翼莊廟宋丞泚贈別》詩中，表達對「樸散不尚古，時訛皆失真」的不滿。那個不做官更好的蘇東坡，也會在《上神宗皇帝書》中，重生「近歲樸拙之人愈少，而巧進之士益多」的感歎。想來詐巧公行，情懷真摯之人已吃了太多的苦頭。

有許多人不懂，說起來人人都喜歡人性真樸和世道淳樸，為什麼實行起來就這麼遲疑費力呢？真是怪事！

今天，人們都在講和諧，追求個人身心的和諧，再到人際的和諧、社會的和諧，還有國與國之間新的相處之道，譬如和而不同，求同存異。所有這一切努力，都是為了讓這個世界變得可以理解。這個世界上什麼最可以理解？**本色的、眞誠的、簡單的最容易理解**。從這個意義上說，我們在意念中懸起這樣一塊木坯，沉思反思，是能夠看到人與人、國與國之間的理解與相處，實際是存在一條四通八達的道路的。

《老子》原文

- **樸散則為器，聖人用之，則為官長，故大制不割。**（第二十八章）
- **道常無名、樸。雖小，天下莫能臣。侯王若能守之，萬物將自賓。**（第三十二章）

今譯

質樸散失了，就變成各種器物，體道的聖人抱守住質樸，就能成為百官的首領。所以大的體制是不容割裂的。完善的制度，也要順其自然，不可支離割裂。

道永遠是無名而真樸的。雖隱而難見，天下卻沒有人能臣服它。侯王如能守住它，萬物將會自然歸服。

注釋

器：器物，亦指名器之器，如車服之類。

之：此處指樸。

官長：百官的首長，指君主。

大制不割：帛書本作「大制無割」。

制：裁也，此處指政治，取其均需裁割與彌縫之意。

大制：形容完善的政治。

割：乖違割裂。北大本本句屬下章，且「大」前無「故」字。

小：指道隱而難見。按：通行本「雖小」，簡本作「唯妻」。「妻」，微、細之意。

莫能臣：「臣」下王弼本有「也」字，簡帛本與傅奕本及唐宋諸本皆無，故刪。

賓：賓服。此處指賓服於道。

不逞強不誇炫，凡事留一線

以道佐人主者，不以兵強天下。其事好還。

我們後面還會說到，一部中國古代史，戰爭自始至終都沒有停歇。但古代中國人對於戰爭，經常採取一種否定的態度。何以見得？只要看看歷代人對戰爭的詠歎就可以知道。在這些詩篇中，古人根本無意於區分什麼是正義的戰爭，什麼是非正義的戰爭，它一味突出的，往往只是戰爭的殘酷和士兵的苦難，是「梟騎戰鬥死，駑馬徘徊鳴」（漢樂府《戰城南》），是「黃塵滿面長鬚戰，白髮生頭未得歸」（令狐楚《塞下曲》）。在這樣一種對戰爭慘象的描繪中，還有對敵對雙方所作的不加區別的憑弔中，中國人其實已表明了自己反對一切戰爭的鮮明態度。

老子就是這一類中國人的早期代表，他看透了戰爭許多時候起於人類的欲念這一本質，所以無意於區分戰爭的性質，而只是執拗地表明自己對它的反感。在同章中他說：「師之所處，荊棘生焉。大軍之後，必有凶年。」用今天的話說，就是**戰爭阻斷了經濟的發展，害苦了蒼生百姓，甚至破壞了自然環境**。這樣的感歎，很可以看作是以後王粲《七哀詩》（「出門無所見，白骨蔽平原」）和曹操《蒿里行》（「白骨露於野，千里無雞鳴」）這類詩的前聲。

正是基於這樣的立場，他要人即使開戰，也宜執守如下的原則：「善有果而已，不敢以取強。果而勿矜，果而勿伐，果而勿驕，果而不得已，果而勿強。」也就是說，**用兵只要達到目的就可以了，不要用來逞強。達到目的以後無須驕矜，也不要炫誇，而要在內心存一種慈忍，方寸間有一份實在不得已的深刻的悲憫**。其中，最能體現他平等地看待一切戰爭的，就是他的「其事好還」說。他揭出這一點，是要人想到，就好像你殺人之父，人亦殺你父，你殺人之兄，人亦殺你兄，一旦敵我交戰，情形也就是這樣。如此兵凶戰危，反自為禍，還不趕緊罷手！

當然，老子無意於嚴格區分戰爭的正義與非正義，並不等於說他不重視這一點。

它只是表明——我對正義的戰爭通常也有所保留，那非正義的戰爭還用得著說嗎？**戰爭已經是人類最愚昧殘酷的行為了，再妄啟戰端，多行不義，自食其果乃至自取滅亡，是眼見得到的必然。**對於這樣的事，這種人，老子已沒有興趣再說些什麼了。

《老子》原文

以道佐人主者，不以兵強天下。其事好還。（第三十章）

今譯

用道輔助君主的人，不靠手中的兵力逞強於天下。用兵這件事是一定會得到還報的。

注釋

還：還報。簡本此句作「其事好」，且置於章末「果而不強」句後。

25 不得已掀起爭端，也要心存不忍

兵者不祥之器，非君子之器，不得已而用之，恬淡爲上。

中國的兵器發明很早，留存至今也多。從類似《考工記》之類的史籍記載，到出土實物的考古研究，都可表明，當其鍛造之際，融進了古人許多的聰明，用今天的話說，其創新感是很高的。但在老子看來，因為它屬「不祥之器」，再好也是不好。

在同一章中，他把這個意思連說了兩遍，先說兵器為人所厭棄，有道之人多不用它，再說兵器非好物，所以不該是君子使用的。這樣一章之中兩致意焉，在《老子》全書中是很少見到的。究其原因，只能說，他想對這個判斷作特別的強調。

那麼，兵器是不是真的如他所說，既為人們所怨惡，又為有道君子所棄用呢？只消看看周王朝崩潰後，春秋兩百多年間，戰事紛起達四百八十三次之多的戰事，齊桓公、晉文公等「春秋五霸」之爭，還有各國內部「公家」與「私家」的矛盾衝突，就可以知道，事情遠不是這樣的。至於今天出土的周至春秋、戰國時期的兵器，更是矛戈斧鉞不缺，刀戟劍戚齊備。對此，老子可能不知道嗎？自然不可能。他這麼說，無非是為了向人懸示一個高的標格，要人知道，在這個世界上還是有有道之人的，他們討厭兵器，進而討厭戰爭，或者說，什麼樣的人是討厭兵器、討厭戰爭的。

這才有底下說的萬不得已而用及兵器，當以「恬淡為上」的話。什麼是「恬淡」？「恬」者不歡愉，「淡」者少意趣，也就是說，萬一拿起傢伙打起來，**切忌殺紅了眼，相反，你需有不得已而為之的不忍之心，有由內而生的深深的厭棄之情**。只有這樣，你才能做到勝利了不得意洋洋，因為你本來就不是一個喜歡殺人的人。倘若你是一個嗜殺之人，那就必定不能獲得任何驚世的成功。

讀著這樣的文字，我們能感覺到老子心底的無奈和痛苦。而當他說殺人眾多，應懷著哀痛的心情臨場，打了勝仗，應用喪禮的儀式處理，能不讓人對兵器和戰爭的存在必要性作徹底的質疑嗎？**自己有了成功，能謙虛謹慎，別人有了敗亡，能哀矜勿喜**，這已經是一個有德性的人了，但老子堅持說，你還應該心存哀痛，你還必須舉辦喪禮。這樣的人就是戰爭年代的有道君子。

自兵器從一般生產工具中分離出來，到黃帝為重整天下秩序而「慣用干戈」，戰爭就成為古代中國司空見慣的社會現象。其實，豈止是中國，一部兵器發展的歷史，在某種意義上就是一部人類社會的發展史。不僅古代是如此，人類進入現代社會，很大程度上仍是如此。只是，已經有太多的戰爭了。「一將功成萬骨枯」，有太多的英雄因善於用兵而青史留名，更有太多的君王以雄才大略而穩占著後人的崇敬。現在該輪到我們了。我們來化劍為犁！我們來削鐵成器！老子還談過兵，我們再不言兵！

《老子》原文

» **夫兵者，不祥之器，物或惡之，故有道者不處。**

兵者不祥之器，非君子之器，不得已而用之，恬淡為上。勝而不美，而美之者，是

樂殺人。夫樂殺人者，則不可得志於天下矣。殺人之眾，以悲哀泣之，戰勝以喪禮處之。（第三十一章）

今譯

兵革是不祥之物，人們都厭惡它，所以有道之人不用它。兵革是不祥之物，不是君子使用的東西。不得已而使用，最好淡然處之。勝利了不要得意，如果得意，就是嗜殺。嗜殺者，就不能成功於天下。殺人多了，帶著哀痛的心情去對待，打了勝仗要用喪禮的儀式去處置。

注釋

夫兵者：王弼本誤作「夫佳兵者」，此據帛書本訂正。

物或惡之，故有道者不處：帛書甲本作「或惡之，故有欲者弗居」。

物：公眾。

恬淡：此處指因心非所好，故意趣甚缺。

悲哀：王弼本作「哀悲」。傅奕本、河上公本及眾古本都作「悲哀」。

泣：為「涖」之訛，作涖臨、對待講。

知人不如「自知」，自知不如「知不知」

是以聖人自知不自見；自愛不自貴。

「自知」，這是一個千古難題。在西方被刻上神廟，在中國則被掛在嘴邊。對此，老子的教導是「知人者智，自知者明」。知人不過表明了人有力量，或人有了戰勝他人的力量，自知才讓人成為戰勝自己的強者。所以他緊接著又說：「勝人者有力，自勝者強。」一個人倘能「知人」，固然可見出智慧，但這種智慧也容易流於算計，或易為狡黠。**只有同時能夠「自知」，才算神志清明，並因著這種通透的明澈，他才不易受人蒙蔽，並不易自蔽而蔽人。**

那麼，什麼是「自知」呢？千萬不要以為一個人才難自棄，如數家珍地為自己評功擺好是自知，恰恰相反，它更多的是**指向人對自己短處的認知**。並且，不是那種有眼不能自視、有力不能自舉的自然的短處，而是人內心深處的宿疾與不足，由此知道什麼是自己所不具備的德性，從而謙虛地學習別人，什麼是自己所承受不起的讚譽，從而識趣地讓給別人。從這個意義上說，自知這件事說來容易，真做起來大難。

還有一個與此相關聯的問題是，人什麼時候需要「自知」？是在日常嗎？不是，它端在榮譽猝然降臨的時候，誇揚紛至沓來的時候。因為這種時候往往牽涉利益，**要做到大利在前，撒手一放，不是一件容易的事。也正因爲不容易，它讓人的自知能力倍受嚴峻的考驗**。能否在告誡自己「自愛不自貴」的同時，做到「自知不自見」，也就是不自我表揚、得意洋洋，很可以看出一個人是否真的具有大智慧。從這個意義上又可以說，有時自知這件事，連說說也是大不容易的！

所以，**老子特別提出，人要「知不知」**，**就是要知道卻不自以爲知道，這是講謙虛的重要性，是一種對「一己之才」終有所不逮的自知**。有人將其理解為要知道自己有所不知道，這樣的話，它又似乎在講認識到自己有罩門與軟肋的重要了，是上述對自己短處的自知。他認為能做到這個才是大好。反之，「不知知」，即不知道卻自以為知道，就是太壞的缺點了。

可是千百年來，海田三變，滄桑幾換，人還是如此，「知不知」的太少，「不知知」的卻到處都是。至於看別人明白、看自己糊塗，就更多了去了。看別人明白，往往已被人稱為世事洞明、人情練達，說是有此大才，何愁事不就、業不成？所以人們每每強調，在江湖中行走，**在社會上歷練，首要在「識人」，知道哪個可以合作，哪個不可信賴**。可一旦遭到失敗，他們也最容易採取諉過於人的做法，一句「算我瞎了眼了」，就可以將自己的無能與過錯推卸得乾乾淨淨，僥倖的話，還可以博得他人的一份同情；一旦受到傷害，記恨別人的時候，也可以從牙縫裡擠出一句陰冷的話，說：「我總算認識你了！」有幾個人能真的認清自己，知道有此一難，全憑個人薄德，有此一辱，或出一己的浮躁呢？

正因為如此，由老子書中引出的「人貴有自知之明」一語，才成了高懸在每個人頭上最明澈的鏡子。拿破崙說過一句話：「善於奉承的人一定也精於誹謗。」可謂知人之言，因為他道出了所有的讚揚都有可能摻入迷藥的事實。但他認識自己嗎？恐怕未必。還有，他是偉人嗎？我們以為當然是，但用老子的標準，恐怕也未必。

《老子》原文

> 知人者智，自知者明。
> 勝人者有力，自勝者強。（第三十三章）

> 知不知，尚矣；不知知，病也。（第七十一章）

> 是以聖人自知不自見；自愛不自貴。（第七十二章）

今譯

能認識別人叫智，能瞭解自己才叫明。
戰勝別人是有力，戰勝自己才算強。
知道自己有所不知道，最好；不知道卻自以為知道，就不好了。
因此有道之人知道自己而不表現自己；愛自己而不顯貴自己。

注釋

強：韌強、堅強。

知不知：知道卻不自以為知道，也可解為知道自己不知道。

尚矣：河上公、王弼本作「上」，缺「矣」字。古字「上」與「尚」通。

不知知：不知道卻自以為知道。

見：即現，指表現。

想要真正富足，就不能被「欲望」牽著走

咎莫大於欲得，禍莫大於不知足。故知足之足，常足矣。

說到欲望，它幾乎是一切行為發生的深層原因。沒有欲望，萬物的生長化育便失去了動力和依據，世界上的一切也就太過平靜而不見精彩。就老子來說，一方面，他肯認「萬物將自化，化而欲作」的客觀現實，另一方面，又深知任由欲望橫行的危險，所以書中各處，多次論及去欲的問題。

依他的認識，人之所以欲望多多，全因不能知足。能知足者，就不會或利欲薰心，熱衷追逐名利，或低眉垂目，禮下求人。有道是不取於人即是富，無求於人便是貴，你還要什麼富？還要什麼貴？你真的應該知足了。**只有知道了知足可以給人帶來真正**

的**富足，你才能長享富足**。怎麼講？因為知足者滿足於自己已經擁有的一切，所以此心再無他求，不僅對人無所求，對這個世界也無所求。好好想一想吧，一個對一切都無所求的人，誰能辱得到他？所以老子說：「知足不辱」（第四十四章）。

那麼，聖人如何才能讓人們不沉浸於欲望的泥淖而不能自拔呢？老子的答案或有些不自信，某種意義上說有點像鴕鳥的應對，他要人「不見可欲」（第三章），認為只有這樣，人心才不至於迷失和惑亂。不過他心裡明白，這樣的辦法並不現實，所以又提出讓人**保持虛靜的心態，摒棄耳目之好，堅守一己本真的要求**，要人做到「無知無欲」（第三章）、「少私寡欲」（第十九章）。那麼，又怎麼能夠讓人做到心無貪欲而歸於寧靜，並由此使天下自然導向安定和平靜呢？他提出的建議是用道所特有的真樸。

前面，老子已經講過「無為」「不爭」和「清淨」的好處，這裡再講去欲，我們應該可以明白，他不是叫人做一塊木頭，正如這世界上草木也有生理，也有欲望。他只是說，**你的人生，別盡讓欲望帶著走**。

但遺憾的是，要人明白這一點很不容易，要今天的人明白這一點就更困難。因為在今天這個時代，絕大部分人剛剛擺脫匱乏經濟時代的可怕陰影，對什麼是知足，多少才夠談知足，尚不能有清醒合理的判斷。人們的標準太多了，太難統一了。更何況，不是所有人都認可知足就能不辱的道理。他們還缺少這部分的親身體驗。於是，有點可笑的，農耕社會的空想啊，有點不合時宜的，犬儒主義的蠱惑啊，類似的懷疑和嘲諷就經常可以聽到。

在西方，古代的犬儒主義者大多衣食簡單，生活刻苦，講求克己，不尚名利，他們所講的「歸返自然」及其所奉執的苦行哲學，與老子及道家的面目多少有些相似。但如今，他們的後人對這樣的教誨也都不以為然了。這些人認為，只有永不知足，才能永遠進步。人是應該返歸自然，但必須帶著充足的錢坐著私人遊艇或飛機往返，並前有祕書，後有護衛。不然，怎麼說都有點像在空談胡扯。

相信這樣的想法，一定寫在不少奮鬥者的心底，進而還可能成為年輕人勵志的格言。所以直到今天，欲望的旗幟依然高張，欲望的主題充斥於當下一切的文學作品，從詩歌、小說到戲劇。電影電視就更不用說了。

《老子》原文

》道常無為而無不為。侯王若能守之，萬物將自化。化而欲作，吾將鎮之以無名之樸。無名之樸，夫亦將不欲。不欲以靜，天下將自正。（第三十七章）

》咎莫大於欲得，禍莫大於不知足。故知足之足，常足矣。（第四十六章）

今譯

道永遠是順任自然而不妄為的，唯此之故，一切無不由它所為。侯王如能守此，萬物將自生長。自生長而至起欲念，我就用道的真樸來安定它。用道的真樸來安定它，就會使欲念平息。不起欲念而寧靜下來，天下自然就歸於安定。

災殃再大大不過你所貪得，禍患再大大不過不知足。所以知道「滿足」之足，就能長享滿足。

注釋

無爲：是指順其自然而不妄為。王弼注：「順自然也。」

無不爲：指道生成一切，故又無不為。此句郭店簡本作「道恒無為」，帛書甲乙本作「道恒無名」，無「而無不為」四字。

自化：自我化育生長。

鎭：簡本作「貞」，正、安的意思。

無名之樸，夫亦將不欲：簡本於「無名之樸」一句無重複。「夫亦將不欲」，簡本作「夫亦將知足」。

不欲以靜，天下將自正：簡本作「智〔足〕以靜，萬物將自定」。帛書甲乙本、北大本中「不欲」作「不辱」，「欲」與「辱」音近通假。「正」，河上公本作「定」。

咎：災殃。此句王弼本作「禍莫大於不知足，咎莫大於欲得」，今據郭店簡本移正。又，此句通行本與簡、帛本略異。簡本為「罪莫厚乎甚欲，咎莫僉（憯）乎欲得，禍莫大乎不知足」。帛書本為「罪莫大於可欲，禍莫大於不知足，咎莫憯於欲得」。陳鼓應以為簡本句序似優於他本。

當規定成為最後殺手鐧，反彈後座力有時更大

夫禮者，忠信之薄，而亂之首。

王國維曾說老子「倫理及政治思想皆為消極主義，慕太古敦樸之政，而任人性之自然，以恬淡而無為為善。若自其厭世的立腳地觀之，則由激於周季之時勢，憤而作此激越非社會的之言者也」。老子是否能算消極主義、厭世主義者暫不說，他憤而好為有激之言，則是肯定的事。說禮是「忠信之薄，而亂之首」就是一例。

與老子的許多言論一樣，這句話聽起來有些刺耳，但細細想來，就覺得既中於事，又切於理，不由人不信服。在推斷這個結論時，老子的邏輯顯得完整而又雄辯。他說：「上德不德，是以有德；下德不失德，是以無德。上德無為而無以為，下德無

為而有以為。上仁為之而無以為，上義為之而有以為。上禮為之而莫之應，則攘臂而扔之。」他的意思是說，「上德」也就是**真正有德之人因崇尚無爲，故不把德放在嘴上，自恃有德，德反而常在**；下德之人因自知德薄，故刻意有為，多方營求以免失德，德反而不在。上德之人做起事來，順任自然而無為，上仁之人雖有為但尚無意，上義之人是既有為又有意，上禮之人就等而下之了，因過分有為與有意，結果在遭人反感之後，只好揚起胳膊動粗，強拉人來從己。

可知，在老子看來，「道」「德」「仁」「義」「禮」五者之間存在著一種相互依存的關係，但在修養層次上，後數者所挾「道」的含量卻是層層遞減越轉越淡的。「道」居最上端，是因其恬淡無為，不先物而動。「德」以下諸端就開始有為，且隨著有為者主觀「前識」的增加而離「道」日遠，真所謂人機一深，天機就淺，天機一淺，罪惡萬千。此老子所以在同章中說：「故失道而後德，失德而後仁，失仁而後義，失義而後禮。」其所講的道理和講的方式與第十八章論「大道廢，有仁義」如出一轍。有的研究者以為，老子這幾句是在說「喪失道就會失去德，失了德就會失去仁，喪失了仁就會失去義，失了義就會失去禮」（陳鼓應《老子今注今譯》），其實他的真意是：這個世道，只因失去了「道」才有「德」，失去了「德」才有「仁」，失去了「仁」才有「義」，失去了「義」才有「禮」。所以**「禮」這個東西，正是忠信不足的象徵，一切禍亂的開啟**。

在先秦諸子哲學中，我們經常可以看到對上述諸哲學範疇的討論，如韓非子就說過德是道之功、仁是德之光、義是仁之事、禮是義之文這樣的話。以後《文子・上仁》也說：「古之為君者，深行之謂之道德，淺行之謂之仁義，薄行之謂之禮智。此六者，國家之綱維也。深行之則厚得福，淺行之則薄得福，盡行之則天下服。」他們認為，修道德之人可以正天下，修仁義之人可以正一國，修禮智之人等而下之，只能正一鄉，其逐層遞減，正與世風日下、人心日醨相對應。所以當老子說出「我非禮」這樣的話，不由得你不深思、不相信。

《老子》原文

夫禮者，忠信之薄，而亂之首。（第三十八章）

今譯

禮，是忠信不足的象徵，一切禍亂的開端。

注釋

薄：衰薄，不足。

亂之首：禍亂的開端。

有時真理總是伴隨著嘲笑與雜音

不笑不足以爲道。

「我之至大光明的道啊，看似幽暗晦昧。我之引人前行的道啊，看似謙退難進。我之坦蕩如砥的道啊，看似崎嶇不平。可你們看清了嗎？我所推崇的美德好似曠谷容納萬物，我所標示的純白像能藏垢納汙；我德性深廣啊好似仍有不足；我德性剛健啊乍一看你還以為是柔弱和偷惰；我品質純真啊好似沒有原則。但你們可知道，至方至正者通常沒有棱角，至貴至重之器總在最後成就，至大至和的音樂聽來莫辨宮商，至大至顯的形象反而沒有實跡。我的大道就是這般的難以命名，但只有它才能襄贊萬物並成其自性！」

這是老子對道的描述。回到他的原文，所謂「大器晚成」「大音希聲」「大象無形」，等等，都已經成為人們表達現實人事和藝術創造規律的經典用詞。但就老子而言，他那些堪稱最經典的話，幾乎都是為了說明「道」而設的。一般來說，老子不是一個喜歡多說話的人，即使說了，也多言簡意賅。但這一次，他竟說了那麼多，多方設喻，唯恐不盡。想來，對人們是否都能聽明白，他不怎麼有信心。

可不幸的是，事實恰恰就是如此。雖說天下讀書人都恃才自守，但志趣不同，懷抱各異，三六九等一般，雜得很。上士聽說了他的道，二話不說，努力地去體會，積極地去踐行；中士聽了這個道，大多迷惑不解，將信將疑，或許心裡尚存著一份欽敬；下士聽了這個道，最是讓人歎息，竟哈哈大笑起來。魯迅說老子為人「戒多言而時有憤辭」，對此，他帶著憤激情緒的回應是：「不笑不足以為道！」那不被人嘲笑的還算是至理妙道嗎，還算是如天的大道嗎？

其實，老人家正不必激憤。放眼古今中外，先知從來的命運就是不易被人理解，所以在自己的故鄉，他們總是寂寞。就先知而言是種熱忱的拯救，在庸俗大眾眼裡卻不過是一場不經意的笑談。按他的本意，他沒打算留給他人自己的思想。說他傲世行，說他乖僻不情也行，但這一切都情有可原，正如後來的研究者詩意地指出的那樣，他曾經預言過劫數的到來，然而人們還沉醉於歲月之夢，白白錯過了許多的時光。現在，除了這五千言的零亂箴言，他再沒有什麼可以告訴人們了。

《老子》原文

上士聞道，勤而行之；中士聞道，若存若亡；下士聞道，大笑之。不笑不足以為道。（第四十一章）

今譯

道是無處不在的，一個人是否能瞭解道，要看他的資質而定。上士聽了道，努力去實行；中士聽了道，半信半疑；下士聽了道，哈哈大笑。不被嘲笑，那就不足以成為道！

注釋

勤：勤快，積極。

若存若亡：此處指將信將疑、迷惑不解的樣子。

30 少點功利心，反而更容易精進

爲學日益，爲道日損。損之又損，以至於無爲。

是不是有這樣的一種情況，有時候我們讀書愈多，知識見識愈豐富，我們的德性非但沒有增加，反而愈加減少，以至於在旁人看來還有點面目可憎？說這個人不讀書還好，一讀書就像變了性情似的，越來越壞。生活中，有不少具體的例子為這種判斷提供著支援。比如說有些知識人異乎常人的乖僻與不情，讓人覺得難以親近。這還算輕微的事例。有些知識份子特別愛好耍陰險，面善心惡，壓迫他人，甚至靠著聰明才智違背本性，進行高科技犯罪，更是動搖了人們對知識的信心。

類似這樣一種特異而反向的對待關係，是老子特別感興趣的，也是他特別願意花力氣去追究的。應和著好沖虛、惡盈滿的個人趣味，他的基本主張是：與其這樣為學日增，還不如減少一些。他稱這種特意的減少為「損」，以與「益」相對，並認為最好是「損之又損」，臻於無為。在中國人的哲學中，這種「損」的思想最早見於老子。

當然，老子的上述主張是有特別所指的。那就是，當時人們普遍開始逞機巧、行詐偽了，即使學習政教禮樂，也意在功利，而非進道。聯想到《漢書．藝文志》稱諸子之學「皆起於王道既微，諸侯力政，時君世主，好惡殊方，是以九家之術，蜂出並作，各引一端，崇其所善，以此馳說，取合諸侯」，特別是戰國以來諸侯並作，厚招遊學，於是讀書人但聞令下，各以所學，任張議論，併入則心非、出則巷議的情況，還有類似商鞅「聖人之治也，多禁以止能，任力以窮詐」的論說（《商君書．算地》），可知當時讀書人為學不正的現象確實不同程度地存在，所以他的這種主張根本算不上過分與偏激。

但面對這種現象，改變的力量是微弱的。怎麼辦呢？許多人困惑多多。老子給出的意見帶著一絲憤激，更多的卻是無奈。或許正如他所說，「物或損之而益，或益之而損」。有時候增廣知識只會使詐偽之心更熾烈，而進道之心反而減去許多；有時候減去進學之功，反而會增進人的向道之心，甚至，減少了那種功利的進學之心，學問本身也會變得更加精進。這就是老子的辯證法。在這種辯證的論述中，他把自己的主張更普遍化為一般意義上的方法論了。

所以，老子絕不像有人說的那樣，不要知識或貶低知識，相反，他對外部世界充滿著探究的興趣，對為學也抱有純粹的熱忱，不然，他說不出這樣透徹的道理。而就後人來說，我們也不會對他的話僅作字面的理解，因為我們知道，要懂他的話也得有知識。哪裡可以真的將學問一事「損之又損」了呢？

《老子》原文

➤ **故物或損之而益，或益之而損。**（第四十二章）

➤ **為學日益，為道日損。損之又損，以至於無為。**（第四十八章）

今譯

所以一切事物，有時減損它反而使它得到增加，有時增加它反而使它受到減損。為學愈久巧偽愈增加，求道愈久巧偽愈減少。減而又減，臻於無為。

注釋

學：此指政教禮樂之學。

日益：河上公注為「情欲文飾日以益多」。

道：指自然之道。

日損：河上公注為「情欲文飾日以消損」。帛書乙本作「聞道者日損」。

大得大失，小得小失，不在乎就沒煩惱

多藏必厚亡。

中國人從來就喜歡把過去的一切說得誇大其辭，譁眾取寵。就說錢吧，可謂人所共好，古今中外概莫能外，但我們總喜歡說，那是現在，過去可不這樣。如果把這個過去推至古代，就更不這樣了。此即「世風日下」一類的感歎常在人耳的緣由。

相對於老子的時代，所謂古代就是上古社會了。對那個時代，連對人性之善基本沒什麼信心的法家，都說好得不得了。其他各家就更如此了，都說「古之君人者，以得為在民，以失為在己；以正為在民，以枉為在己。故一形而失其形者，退而自責」（《莊子．則陽》）。後來就不同了，這些君主欲望太多，只想舉天下以自奉，越往後，更是一代不如一代。有的看去龍行虎步，形貌威重，其實就光鮮個表面，拎出來，排一起，一堆爛蘋果，沒什麼好挑的。**若一定要論定昏明，判別聖愚，不過都是比爛而已。**

譬如，他們個個都貪財，只是貪的程度有別。有的凡能到手的都想要，即使不能到手的，傾一國之力妄啟戰端也想要。由此，管什麼「貪多咽不下」，相反貪心與財富俱增，不但與民爭利，還公然奪民之利。朝政一塌糊塗，農田一片荒蕪，倉庫已經空虛，他們仍在享福。比如，著美服，執利劍，飽酒肉，盈財貨，橫行國中，旁若無人。老子就極其不齒這樣的行為，直稱其人為「盜誇」（第五十三章）。何謂「盜誇」，用韓非子的解說，就是盜魁也。

老子認為，聖人不應該「貴難得之貨」（第三章），因為它「令人行妨」（第十二章），也就是有礙人操行的培養與堅守。《儀禮．聘禮》所說「多貨則傷於德」，也是這個意思。考慮到先秦時「貴貨而易土」（《國語．晉語七》）蔚為風氣，所以他要求聖人「不貴難得之貨」，除了修己之外，實際上還有一個正人的目的在裡面，譬如「不貴難得之貨，使民不為盜」（第三章）。但這些人都讓老子深深地失望，哪裡還談得到正人呢？就是自己，也都快放爛到不可收拾的地步了。

所以，他只能降低自己的標準，苦口婆心地勸說：錢財這個東西，自生出來第一天起就是要流動的，你不要想把它們都留在自己身邊。再說，生不帶來，死不帶去，**就是金玉滿堂，你能守得住嗎？你藏得越多，敗亡得就就越慘啊！**

但沒什麼人聽得進老子的話。或以為，我自己消受不了這些財富，可以留與子孫呀。但老子告訴他們，這也是人的一廂情願。因為**縱使留與子孫，也未必就等於守住了**。正所謂藥能生人，亦能殺人，錢能福人，也能禍人。若你的子孫原本很好，因為突然間有了錢，來路容易，又失了看管，很有可能就會把持不住，或玩物日久而墮落，或放浪紈褲而沉淪，失了書香事小，就此失了高遠的志向，如何是好？而倘若你的子弟本來就不是有志青年，那「錢燒口袋漏，一有就不留」，更是可以想見的事了。最讓人擔心的是，你還不知道他會作出什麼孽來，敗了家也就罷了，壞了門風，事情就嚴重。賢父難免生逆子，結果不要說給予他人，連一己的溫飽也保證不了，認識的人還知道他原是某家的公子，不知道的，還以為是新增的寄宿者和路過的流氓呢。

看看東西方，想一想古往今來，這樣的事情是不是有很多？在西方，就有「The father buys, the son builds, the grandchild sells, and his son begs」這樣的諺語，譯成

中文是：「父買子修孫子賣，曾孫上街當乞丐。」這似乎是穿過時光隧道，老子「多藏必厚亡」一說的越洋迴響。

此時，再看看那些受過財富傷害的，或對富人心存妒忌的人，一定心裡倍覺舒坦，因為他們會感覺到天道的公平，心裡獲得了極大的補償。你看看，有吝嗇的父親，必有敗家的兒子，有錢有什麼好？有道是家小業小，煩惱也少；錢袋是重了，可心事跟著也重了。再說了，**金錢有翅，財富易散，大得大失，小得小失**，我們就認了吧。這樣想著，似乎就有了耐心，去繼續自己平淡清苦的日子。唯獨一生賺錢藏錢的你在死後大概會覺得很痛苦，想到但令長幼內外勤修恆業就是善謀生者的道理，自己都覺得為時太晚。再想到留錢兒孫，倘其賢而多財，則有可能損志，倘其愚而多財，則有可能益過的道理，更是不能安穩。可是，死去的人還能管得著活著的人嗎？

德國哲學家叔本華說：「財富就像海水，飲得越多，渴得越凶。」其實，這哪裡是渴不渴的問題而已，這是會要老命的大問題啊！

《老子》原文

➤ **多藏必厚亡。**（第四十四章）

➤ **是以聖人欲不欲，不貴難得之貨。**（第六十四章）

今譯

藏納財貨過多必定會招致慘重的損失。

所以有道之人以「沒有欲望」為自己的欲望，不以稀罕貴重的東西為貴重。

注釋

厚：重，多。

欲不欲：以不欲為欲。

貨：財物。參見第三章「不貴難得之貨，使民不為盜」。

32

刻意為之，有時只會越走越遠

不出戶，知天下；不窺牖，見天道。

當今文壇有所謂用腳寫作的一族。整天成群作伙，看山逐水，玩一路，寫一路，內容無非是鄉野天藍水綠、海外廁所幽香。由於是走馬看花，寫不到點子上，有時不免俄睹魚鱉，謂察蛟龍。主人看了尷尬，識者引為笑談。有的時候，事不夠，情來湊，人已收槳上岸，筆下仍滴滴答答，本身就是一道令人發噱的風景。

其間，也有一二用心之人，行前看過專書，途中訪及耆宿，但回家後書蠹病發作，誇多鬥靡，吹毛索斑，以至牛花繭絲，無不辨析，小小名物，也賠上全副精神，結果直讓人輕拈不得，重視又不是，取去之間，好生為難。

或以為，中國人向來主張讀萬卷書，行萬里路，行路之能壯大人生的視野與境界，無可置疑。但一來這兩者是互相依存的，即今人所謂要讀書，並能將書上的知識用於路上，再將路上所得與書本相質證，且所欲質證之事關乎天下生民，取意正大而絕不煩雜；二來這行路同時又純粹是個人的事，且有不得不行的原因，有困在道途的寂寞與死在荒蠻的風險，其所有的艱難坎坷，絕非喝完早茶睡軟床的「腳寫族」能夠夢見。故其人面對批評，或偏舉一端以為搪塞，或引古證今以為口實，並不足以服人。

更為重要的是，就寫作而言，人類現有的經典創造似乎並不那麼依賴於行路，更絲毫無關於遊玩。寫作對珍視它的人來說，永遠只基於對大道的體認，對內心的關注。它要遍歷的是人心掙扎的歷程，要探討的是人類曲折的心路歷程。此自然與現實有關，乃或還受到現實的深刻規定，但任何時候都不能抹殺的是，一切世相百態到最後都存乎一心，並因此生氣蓬勃。**唯有這生命是敏感而充盈的，他認識的庭院才會真正有柏樹拱把，楊樹合抱**，才能夠讓他朝夕觀對，產生得神忘形的冥想。對於這樣的生命而言，只要願意領略，腳下便是契心之地；只要認真體會，安處就能視通萬里。

其實，人類一切的精神創造都是如此。當西方的神垂死，西方的哲人們讓思慮靜定，任靈魂出遊，內省以識物理；當東方的天將老，東方的智者們讓無弦琴息，邀無華花開，聞香而悟天道。他們用的正是心的功夫，並借這種功夫，撥刪枝蔓，拓展景深，從而讓自己的智性看到了頂巔的風景，還有彼岸閃爍的燈檯。因為他們知道，「大道多歧」，要迷失太過容易，而執此一心，**沉靜下去，既瞭解了自己，又把握了世界，這才是以一馭萬的道理**。

回過來想想中國人的智慧，安坐家堂念佛，將一己的體悟化作一串念珠不停息的捏點，是大師；而奔突於道途，千里燒香之人，難道不只是信徒嗎？遺憾的是，那些一味遊山玩水的寫手不明白這個道理。尋其轍跡，多通向名勝，而不接著心靈，所以即使走了許多路，仍難免說些不開眼的話。

這就使人想起了老子之道。老子認為，一個人應該清除主觀的蔽障，以本明的智慧和虛靜的心態，去反觀和映照紛雜的外物。如果能做到這樣，即使**不外出也能盡知天下之事，不親見也能究明萬物之理**。剩下的事，就是垂手無為，坐待成功了。此所謂「不出戶，知天下；不窺牖，見天道」。不然的話，你走得越遠，知道得越少，你被你所眼見的越來越多的事，都快弄得失去心智的清明了。

對這一章，歷代注家或有別解。有人指出，文中的「知」不是指自知，而是指為人所知。如果是這樣的話，那就是說，有道之人不出門，他的大名就已經為天下人盡知了。這樣的事情確乎有。但不管作何解，老子以為有道之人不依賴於行走這一點是可以確知的。

或以為，老子的這一判斷玄得有些離譜，是不是親歷與實踐都可以不要啦。你要這樣說，我可以不認為你是在存心抬槓，但你和我看問題時，從起點到終點似乎都不相同。想及德國哲學家康德一生未走出故鄉科尼士堡十里之外，或許隔著時空，可以印證這一判斷的精闢吧。

再想及自己讀過的書，走過的路，關於人類，老子的提示好像是這樣的：人走向自己內心的路，遠遠比走向外部世界的路要遙遠漫長得多。

《老子》原文

不出戶，知天下；不窺牖，見天道。

其出彌遠，其知彌少。

是以聖人不行而知，不見而明，不為而成。（第四十七章）

今譯

不出門，就能推知天下之事；不推窗，就能見證天道的法則。

有人出門越遠，知道的就越少。

所以聖人不出行就能感知，不察識就能明辨，不作為就能成功。

注釋

見：帛書甲乙本、北大本皆作「知」。

天道：自然的規律。

不見而明：「明」原作「名」，古時兩字通用。

真實的話不好聽，好聽的話不真實

信言不美，美言不信。

都說言說意味著存在，能不說嗎？但老子似乎是教人不說的，至少是**少說**。他認為，大部分的情形下，知道的人都不說話，愛說話的人根本就什麼都不知道。這裡的「知」有時候也被人用作智慧講，這一下，老子的判斷就變得更為嚴厲了：你自以為聰明，見多識廣，能言善辯，其實你缺心眼哪！

為什麼老子會這樣說？因為他看多了「知者不博，博者不知」的情形（這與哲學家黑格爾在《精神現象學序言》序言中所指出過的「熟知非眞知」相似），更深知「善者不辯，辯者不善」的道理。**只要稍稍留意一下周圍，是不是純善之人大多不輕言善辯，浮躁之人每多誇**

誇其談。說得最多的，往往是那個做得最少的，其情形一如自然界的梟鳥唱歌而夜鶯屏息。老子明於史，又閱人無數，所以按他逆向型的反推思路，自然不會將巧言每能掩飾惡行與多言必定不能實行，看成是什麼離譜的推定。他的話雖說得峻刻，但你得承認，道理在呀。也所以，孟子對人家指他「好辯」，避之唯恐不及。

對於為政者，老子更要求他們少說話甚至不說話，即無須多講那種政教禮樂之言，所謂為政不在多言。「是以聖人處無為之事，行不言之教。」這個意思，他在第二章和第四十三章中連說了兩遍。在他看來，這種「不言之教」就是沒有瑕疵的「善言」（第二十七章）。既順天行事，復率先垂範，身教重於言教，能不善嗎？假如不然，整日把時間耽誤在對外宣傳或接待媒體上，大言炎炎，誇誇其談，自以為是成功的推廣與行銷，旁人看來，不過是一種不怕羞的自我表彰，這樣的行為能有什麼成效？所謂「自伐者無功，自矜者不長」（第二十四章），是必然的道理。故老子一方面要求「言善信」，另一方面更要人為政謹慎，「多言數窮，不如守中」（第五章），平時少發政令，「悠兮其貴言，功成事遂，百姓皆謂我自然」（第十七章），豈不更好？

而更重要的是，**老子認爲爲政無須多言，是一種合乎天道的當然的做法**。所謂「希言自然」（第二十三章），這就把道理說到至極處了，言下之意，信不信就看每個人自己了。

在西方，十四世紀希臘厭世詩人巴拉達思曾說過：「人太饒舌，難免一死，故生時且思索那死吧。」英國人狄斯瑞利說：「人生短得不夠扯雞毛蒜皮。」他們的意思，都是讓人少說多做，更著意在少說多思。是啊，人生苦短，我們活著不是為了聽別人閒扯，而是為了能發現自己，找到自己。而如何發現和找到自己呢？各人都會有自己的辦法。但讓**自己安靜下來，最易達成目的**，因為它最容易讓你擁有從生命的煩瑣中掙脫出來的精神自由。顯然，對於這種目的來說，言語是無能為力的，閑碎的言語尤其如此。智者一言已足，不是智者更不如沉默。

老子無疑是一個智者，所以他言簡意長。可有許多人不明白他的苦心，認為他是一個消極主義者，這再一次證明，少說或者不說的正面意義太多了。對這一點，法國哲學家拉布魯耶（Jean de La Bruyère）的《品格論》中說得好啊，「沉默是傻瓜的機智」。不過，有機智的傻瓜畢竟不多，比之聰明人嘴在心裡，愚蠢人常常是心在嘴邊，還弄出很大的聲響，結果只能是自暴其短。對此，西方人的說法是——「溪淺水聲喧」（Shallow streams make most din），這和老子的「大音希聲」是不是可以互相呼應？

《老子》原文

» 不出戶，知天下；不窺牖，見天道。其出彌遠，其知彌少。是以聖人不行而知，不見而明，不為而成。（第四十七章）

» 少說或者不說

知者不言，言者不知。（第五十六章）

» 信言不美，美言不信。知者不博，博者不知。善者不辯，辯者不善。（第八十一章）

今譯

有智慧的人不多言說，多言說的不是智者。
真實的言語不華美，華美的言語不真實。
知道宇宙間的大道的人不必廣心博騖，知識廣博的人未必對大道有真知。
良善之人不巧辯，巧辯之人不良善。

注釋

知者不言，言者不知：郭店簡本作「智之者弗言，言之者弗智」。由各本與各家注，「知」應作「智」解。「言」指政教號令。
信言：真話。
美言：華巧之言。

身處低潮別懊惱，或許正是谷底翻身的好機會

禍兮，福之所倚；福兮，禍之所伏。

道家哲學如果說有什麼地方較之儒家更有勝意，更讓人著迷，就在它有深刻而精湛的辯證思想。在這方面，老子是一個很好的典範。他天才地預見到矛盾的對立與統一，體認到天下萬物沒有「有」就沒有「無」，沒有「難」就沒有「易」，如此相反相成，相互轉化，「美」就可以易為「惡」，「善」就可以易為「不善」，**因爲每件事物中，都命定似的包含著否定其自身屬性的因素**。「福」和「禍」當然也是如此。

但中國人自來就有些迷信，又有一些相信天命，經常容易把這兩者看成截然對立的東西，說什麼「是福不是禍，是禍躲不過」。如果說用「對立」一詞有點嚴重，那

至少也是把兩者看作相互對待的東西。反正，你很難將這兩者放在一起看。剩下的就看誰有本事早日去禍納福了。一切的禍都應該驅除，天靈靈，地靈靈，求天保佑，就想著要達成這個願望。與此相對應，一切的福都想接進家來，用鞭炮，用清香，只要能用的都用上。清福固然好，全福更加妙，如果盼不到這兩福，那庸福也是可以的。說：有這麼一位，哪裡都沒去，哪裡也沒人等著他去，他正缺朋友。但遇一會說話的，招呼道：您在家納福哪！這在家納福可能是清福，但大多就是庸福。

老子的辯證思維足以讓這樣的傳統想法變得淺陋無比，他讓人在去禍接福的時候，變得不那麼急躁，甚至不那麼功利了。他說：**你迎進門的那樁好事，可能很快就會給你帶來災難；而你自以爲倒了楣的那件壞事，馬上就會給你帶來吉祥**。你開始一定是不信的，可後來事情的發展經常由不得你不信。生活就是這樣的令人著迷，看似無法控制，其實冥冥中有主，對立的因數早已宿命地埋藏在一切物事中了。

韓非子精通老學，嘗作《解老》篇，對老子的這個思想作了十分具體的發揮。他是法家，喜歡言語簡刻，發揮題義，無所剩意。他說：「人有禍，則心畏恐；心畏恐，則行端直；行端直，則思慮熟；思慮熟，則得事理。行端直，則無禍害；無禍害，則盡天年。得事理，則必成功；盡天年，則全而壽；必成功，則富與貴。全壽富貴之謂福。而福本於有禍。故曰：『禍兮，福之所倚。』以其成功也。人有福，則富貴至；富貴至，則衣食美；衣食美，則驕心生；驕心生，則行邪僻而動棄理；行邪僻，則身死夭；動棄理，則無成功。夫內有死夭之難而外無成功之名者，大禍也。而**禍本生於有福**。故曰：『福兮，禍之所伏。』」聽完了這席話，你還有要補充的嗎？應該不會再有吧。

如果硬要再作補充的話，那就是用今天的眼光，我們能發現，這種思想之於培養人強烈的憂患意識和堅韌耐久的性格，或許不無好處。那種不以承平日久而馬放南山，不以萬貫家產而降志任誕，每遇挫折能思進取，每得成功能自告誡，都是讓人清醒的做法。當然，從另一方面看，有時候，它也使一種好常惡變的惰性找到了可以心安理得地搪塞的理由。你看，他雖然正享著福，但馬上就會完，所謂「現在笑嘻嘻，過會兒就好看」。所以，一切革命性的變革都是冒進或者躁進，我們且等待它另一面的呈現，再看他如何自然崩解因福得禍，還有我如何時來運轉無禍有福吧。

《老子》原文

禍兮，福之所倚；福兮，禍之所伏。孰知其極？（第五十八章）

今譯

禍啊，福就倚傍在它裡面；福啊，禍就隱伏在它當中。誰知道它們的究竟呢？

注釋

伏：隱伏。

極：終也，盡也。此指究竟。

多動不如少動，管理者的廚師哲學

治大國，若烹小鮮。

善於言說之人，隨所身觸，無往而非說理之具。可能因為三代多廚師，如夏朝第六代君子少康就做過庖正，也就是廚師長，商朝的宰相伊尹也是廚師出身，所以，這回老子就藉著做菜這件事來講道理。

他說：為政者當清淨無為，以道治天下，這樣不但鬼神起不了作用，神祇也不敢來侵越，人民就會坦承厚德的歸匯，過上自在安和的生活。那麼，為政者如何能做到這一點呢？他給出的建議就是要清淨，不要折騰，折騰擾民，會使人遭殃。其間的道理與廚師煎小魚是一樣的。小魚骨脆肉薄，稍多翻動，就有骨肉分離身首異處之虞，所以得特別小心。

或以為，老子畢竟沒有做過廚師，這一回是比喻失准了。如果說治小國如烹小魚才差不多，「治大國」應該沒這麼嚴重吧？其實，老子飽讀史書，閱盡人事，哪裡是胡亂一說的？大國者，兵車千乘，帶甲百萬。正因為國家大了，家底厚了，往往會激起這個國家當政者的雄心和野心，或基於創業奠基的自負，或因為發揚恢張的雄圖，有時也為了舉天下以自奉，輕兆民而逞欲，他們往往內修政治，外結諸侯，等而下之，內興冤獄，外肆殺伐，朝三暮四，朝令夕改，既用以察臣子的忠心，復藉以張人主之威權。由於國力充足，本錢富厚，這種折騰有時如季節性發作，很難有停歇的時候，對人民所造成的危害可以說是既重且深。所以，這個告誡對治理大國者顯得尤其切要。

一部二十四史，秦漢以下，一直到元明清，雄才大略的君主從不缺少，外行仁義而內實多欲的亦有很多，他們急啊，要做事啊，要對得起先人，還要對得起後世啊，這樣想著，一百年以前管了，千秋萬代以後也管了，獨獨忘記要管眼前的人民，萬兆的百姓。以承襲祖統也好，甚至以改革之名也好，他們有許多的改弦更張，變立新法。

但由於沒能觸及問題的實質，從根本上興利除弊，更主要的是從不觸及皇權自身和制度本身，常常非但沒能減少積年的舊弊，反而無端地新增人民的負擔。

更不要說有的變革僅屬於個人一時的心血來潮。本來，你有創意，就在後宮跟妃子們過過口癮也就算了，或許因為時間長了，神祕感退去，她們不再仰視你，乃至於近則不遜起來，當此際，對她們吹牛幾句，或可以換回些崇拜與尊敬來也未可知，但拿到朝堂上去討論，就太難為一眾臣了，說好不甘，說不好沒膽，真是「妾身千萬難」。再施行於國家裡，那就更是荒唐了，百姓照著做要吃苦，不照著做要遭殃。如此勤政轉成虐政，不要說吃魚了，連骨頭也別想指望。

由此想到今人講政策制定之初須多方論證，反覆考量。既正式頒行，又須嚴格遵守，以示權威。或情況有變，積久生弊，更改固然很有必要，但也應徐徐推行，在包容沿承其合理一面的同時，有所改良，使臻完善。讀了老子，你可以感覺到，這樣的行政理論真的可以說是淵源有自。這種為老子所推崇的成熟的政治，其實也最接近於人們期待的民主政治。

八〇年代，美國總統在國情咨文中就引用老子此言，再想及該年有《老子》第一百零三種英譯出版，版稅高達十三萬美元，多少可表明老子的價值已廣為人知。對照之下，我們或有一些慚愧。穿過歷史的霧靄，感覺到嗎？老子的雙眼安詳地微闔著，閃動著清澈而睿智的光芒。

《老子》原文

治大國，若烹小鮮。（第六十章）

今譯

治理大國，就好像煎小魚。

注釋

小鮮：小魚。

威嚇挑釁無用，謙下更勝敬畏

大邦不過欲兼畜人，小邦不過欲入事人。

春秋時期，王室衰微，列國紛爭，其激烈的程度見諸文字，不敏感的人不容易察覺。如果借助專家出色的工作和考古的實物，讓人回到歷史的現場，那用「驚心動魄」四個字來形容是一點都不為過的。

在這樣一個沒有「共主」的時代，國家多（周初有國一千八百多，至此尚存一百四十多），國與國之間的交往與紛爭跟著也多，一旦談不攏，難免打起來。其時，大國如何進取，小國如何圖存，就成為人們倍加關注的問題。《左傳．襄公二十七年》曾記載子罕的觀點，他認為「凡諸侯小國，晉楚所以兵威之，畏而後上下慈和，慈和而後能安靖其國家，以事大國，所以存也。無威則驕，驕則亂生，亂生必滅，所以亡」。他的意思是，小國每每出亂子，需要像晉楚這樣的大國臨之以威，才能懷畏安服，禍亂不生。這話雖說不算離譜，但怎麼聽，都有一點勢利的調調。

相較之下，孟子的德性就高出許多，他在回答齊宣王「交鄰國有道乎」的問題時，明確指出：「惟仁者為能以大事小，是故湯事葛，文王事昆夷；惟智者為能以小事大，故太王事獯鬻，勾踐事吳。以大事小者，樂天者也；以小事大者，畏天者也。樂天者保天下，畏天者保其國。」（《孟子．梁惠王下》）也就是說，為政者當行仁政，無取霸術，大國小國雖各自頭上一片天，但真所謂抬頭有神明，這神靈之天無遠弗屆，大國尤其應該體此意而行仁義。故以大事小是高姿態，是樂天而能保天下；而以小事大則是知敬畏，是畏天而能存其國。孟子的目的是要大小國家相安於仁義之下，故言語之中，就沒有趨炎附勢之嫌。

老子的立場與兩家都有不同，他認為**大小國家在交往過程中都能做到一個「下」字最是重要，「下」就是謙下，其中大國尤其應該如此**。說這話的時候，他擇取的角度不是道德主義的，而是從現實政治出發。在同一章中，他說：「大邦者下流，天下之牝，天下之交也。牝常以靜勝牡，以靜為下。」即大國要像江河的下流，或者天下一切雌伏的母門，那是萬物交匯的地方。**雌柔常以靜定而勝過雄強，就是因為它能處下**。他說得很清楚，就是為了保持你的大國地位，你也應該善待小國，以便使它誠心歸服。當然，小國要在列強環伺中求生存，更應該守柔雌伏，不妄行挑釁了。這話說得實在是最近情理而不迂腐的。

也所以，《老子》一書或被人視為兵書，被道教徒奉為真經，但最願意看的，終究還是帝王，以及那些想以一身才學獲得帝王常識的文人。

《老子》原文

》故大邦以下小邦，則取小邦；小邦以下大邦，則取大邦。故或下以取，或下而取。大邦不過欲兼畜人，小邦不過欲入事人。夫兩者各得所欲，大者宜為下。（第六十一章）

今譯

所以大國對小國謙下，可以攏聚小國；小國對大國謙下，可以見容於大國。所以有時謙下以攏聚，有時謙下而被容。大國不能過於要聚養小國，小國不能過於要求容於大國。這樣大國小國都可以達成所願。大國尤其應該謙下。

注釋

邦：今本作「國」，此據帛書甲本改。

下：謙下。

取：通「聚」。

兼畜：兼併蓄養。

入事：進前事奉。

老是功虧一簣？慎始也要慎終，別辜負大好勢頭

民之從事，常於幾成而敗之。慎終如始，則無敗事。

一個人做事應當有始有終，這是連小孩子都知道的道理。醫學證明，相對於古代社會，今天科學的進步雖不可謂不神速，但人的腦容量和智力水準與古時候並沒有太大的不同。故以今例古，老子時代的孩子應當都能明白這個道理。類似「慎始而敬終，終以不困」幾乎成為當時大眾常用的用語，就是證明。

但為什麼惜語如金的老子還要在勸世箴言中談到這樣的常識呢？說來原因並不複雜，是因為對一部分成人而言，不缺豪華房屋，不缺山珍海味，不缺華服，也不缺美色，缺的恰恰就是常識。他們急需要這個。

比如，那些有為的聖君，常好有所執持，或執持名，或執持利，根本就不知道「為者敗之，執者失之」和「無為故無敗，無執故無失」的道理。由於太想做事，不免有失權衡，不能靜觀。有時，急於求成，性急喝熱粥，不知道羅馬不是一日建成的，長城也不是一天累好的，不知道樹起幼苗，臺起累土，千里之行，起於足下，結果顧此失彼，進退狼狽，事情萌起以前不能從容擘畫，禍亂發生以後才想到應對之策。在老子看來，這些都算不得成熟的做法，當然也算不得成熟的政治。

有些人稍好一些，能夠善始，但常不能善終，正所謂「行百里而半九十」，把那辛辛苦苦奠定的基礎毀於一旦。春秋戰國時代，諸侯起滅，快如風火，有些存亡故事幾乎不要一炷香的時間就可以講完，什麼「五世而斬」，哪裡這麼容易等到。究其原因，就在於善始而無終。眼看著告成祖宗的大功將建，眼看著勒石燕然的美名永垂，此時的當事人最易昏頭轉向。其情形有點像一個人還沒吃上安生飯，就開始回憶起過去的苦和難，這樣的人不敗才叫見鬼。

老子看多了這樣的人、這樣的事，所以他殷殷勸誡那些「聖人」，要知所警惕。這些人最容易成功，也最容易失敗；最容易極為成功的，也最容易有慘烈失敗。至於百姓，養一窩小豬，一開始養得特別胖，後來疏於照顧，竟沒幾頭可出得了豬窩上市場，怎麼說都是容易想開的事。

今天，我們仍然能看到這種事情，聽人自嘲地感歎「大好河山，葬於匪手」。怎麼辦呢？有些人就是這樣，智商很高，情商也不低，看起來人模人樣，做起事來豬頭豬腦。讀了老子，他們能否體悟到，**若有了好的開頭而不能堅持下去，那眞的對不起自己了**。

《老子》原文

民之從事，常於幾成而敗之。愼終如始，則無敗事。（第六十四章）

今譯

人們做事情，經常是在快成功的時候失敗的。對事情的投入能像對開始一樣謹慎，就不會把事情搞砸了。

注釋

幾：近。此句帛書乙本作「民之從事也，恒於其成而敗之」。「其」「幾」古通。

「慈心」無敵，進可攻退可守

夫慈，以戰則勝，以守則固。天將救之，以慈衛之。

《老子》全篇論及「我」的地方很少，或許對自己所強調的東西有特別高度的認同和自是，本篇他直白地談論起「我」來。說「我」有三件寶貝，一直以來十分珍視並想長久保有：**一個是「慈」，一個是「儉」，還有一個是「不敢為天下先」**。

古人上愛下謂之「慈」，親愛利子謂之「慈」。以後泛指**愛惜與仁愛**，如《韓非子．解老》所謂「慈於子者不敢絕衣食，慈於身者不敢離法度，慈於方圓者不敢舍規矩」。在這些方面君子人做得最好，故《莊子．天下》稱「薰然慈仁，謂之君子」。在古人看來，上古三代，堯舜之化，不過有慈仁之德而已。老子自己也在此意義上兩次說及

「慈」，如稱「六親不和有孝慈」(第十八章)，「絕偽棄詐，民復孝慈」(第十九章)。但他的眼光是獨特而精闢的，他所講的「慈」非僅為一味的慈仁，還是一種慈勇，甚至他認為，你只有慈，才能夠勇。我們反本致思，只要想一想天底下母親為衛護自己孩子所表現出的無畏氣概，就可以知道，一個人心中有一份深愛多憐，會變得多麼無畏與勇敢。用此以戰，必勝；以守，必固。人人都知道，上天有好生之德，老子說，天若要救人水火，就會用此慈仁。

其次是「儉」。有用而不盡用是為「儉」。對此，《韓非子．解老》解說得也很明確：「智士儉用其財則家富，聖人寶愛其神則精盛，人君重戰其卒則民眾，民眾則國廣。」聯繫那個時代為上者每多窮奢極欲，儉德就非常罕有。老子以為倘能「儉」，就一定能**拓廣大，致廣厚**。捨棄了儉德，想致廣厚，門都沒有。不過，遺憾的是，歷史上能照他的道理做的沒有幾個，除非條件不具備，絕大部分，該怎麼花都怎麼花了，有的還扯出了為天下興利的旗幟。今天，經濟發展，物質昌明，一些人就更是如此了。可從世界範圍來看，「經濟」一詞本就包含節儉的意思。我們有些人不知世界的潮流也就算了，連祖宗的教導也不知，真是氣死老子了。

最後是「不敢為天下先」，其實是談**處後**的道理。老子素來重視此道，推崇「後其身而身先」(第七章)，主張「欲先民必以身後之」(第六十六章)。此處「不敢為天下先」，就是要人謙下處後，先做群眾的學生，再做群眾的先生。他並認為，唯有先做學生，虛己容眾，虛心服善，才能當群眾的先生，「成器長」。從這個意義上說，他的志向和目標都夠遠大。或以為，中國人遇事畏縮退後，既不重首創精神，又缺乏競爭意識，其中可以見出此說的負面影響。且不說中國人是否真的不願出頭，自甘人後，真的不善爭，不能闖，說這話的，恐怕是沒見過世面，至少沒見過地鐵站裡爭搶位置的人吧。我們這裡僅就事論事，把缺乏競爭意識的罪名歸諸老子，顯然是誤解了老子。

宋代，范仲淹在所作《老子猶龍賦》中這樣稱讚老子：「孰可伺珠，長存慈儉之寶；全疑在沼，不離清淨之源。」現如今，人人都有自己的看家本領，也藏得幾件寶貝。見識了以上三寶，不知是否還拿得出手。

《老子》原文

我有三寶，持而保之。一曰慈，二曰儉，三曰不敢為天下先。慈故能勇；儉故能廣；不敢為天下先，故能成器長。今舍慈且勇，舍儉且廣，舍後且先，死矣！夫慈，以戰則勝，以守則固。天將救之，以慈衛之。（第六十七章）

今譯

我有三件寶貝，照著做可以保全自己。第一叫慈愛，第二叫儉嗇，第三叫不敢居於天下人之前。

慈愛就能維護眾生，產生勇氣；儉嗇就能蓄精積德，所以能推致廣遠；不敢居於天下人之前，反而能得到愛戴。

現在捨棄慈愛而勇武，捨棄儉嗇而寬廣，捨棄退讓而爭先，是走向死路！

慈愛，用來戰能勝，用來守能固。天要救助誰，就用慈愛來衛護他。

注釋

我有三寶：帛書甲乙本、北大本於「有」前有「恒」字。

儉：有而不盡用。和第五十九章「嗇」字同義。

廣：厚廣。王弼注：「節儉愛費，天下不匱，故能廣。」

器長：萬物的首長。「器」，物，指萬物。帛書甲乙本、北大本於「成」前有「為」字。

且：而。一說通作「担」，取，拿。

以戰則勝：傅奕本和范應元本作「以陳則正」。范說：「陳，音陣，軍師行伍之列也。」

因為不被瞭解而遭到攻擊是很正常的

言有宗，事有君。夫唯無知，是以不我知。

這回老子說的「我」直接就指他自己。他說：我的話很容易懂，也很容易照著做，但天下沒有人能懂，更沒有人照著做。我的話主旨明白，我的行事也有依據，但人們對大道無知，所以也就不能瞭解我。

想想也是，別人講要進取，你偏講要退後；別人講要雄起，你偏講要像雌性一樣蟄伏；別人講要誇誇其談，表現自我，你偏講要默然自守，大音希聲。你的所作所為怎能不讓人迷惑甚至厭棄。你的道理自然都是對的，但問題就在於你的言論超越一般人太遠了，你以你自己的超前的行為，將人們的平庸、委瑣、苟合與將就，凡是平日裡可以用自然的生存樣態拿到大街上曬的特點，一下子都聚集到了聚光燈下。你還要用自己精闢的剖析，讓人看到上面的千瘡百孔，辨認哪些屬於自己之已有，哪些又屬於自己之將有。你揭開了大人物的華麗新衣，也洞悉了小人物的灰色人生。這樣太高調了吧？我們沒辦法讓你與我們步調一致地過日子，但我們可以選擇不喜歡你！

老子一定是飽受了這樣的待遇，他的細膩讓他感覺得到周遭的氣氛，所以他會說「知我者希，則我者貴」這樣的話。前一句很容易理解。對後一句，人們的解說有不同。有說此處「則」作動詞解，指「取法」的意思，說的是道一天下最貴重的東西，所以知之者少，能法而行之者很是了不起；也有說作連接詞解，指「於是」的意思，說的是唯其真知吾道為貴者既稀且少，於是吾之道反而顯得更加貴重；還有人將其解為「賊」，說的是知我者稀少難覓也就罷了，還有人危害我，並且這些危害我的人現如今都占據著上位，所以我只能困頓在社會的底層，披著粗麻短衣，懷才難遇。

或許，應該將「聖人被褐懷玉」視為知識人的千古一歎。當然，老子以後，知識份子的地位提高了許多，不僅居「四民」之首，還可以論辯一下王與士孰貴的問題。齊宣王時，那個顏斶就做過這樣的事情。其實，以實際的政治生態而言，顏斶走得有些遠了，但後世讀史有得，是應該考慮：對大眾而言，能不能別再視德性特異的人為怪物？對處上者而言，能不能別再讓他們只富有精神而窮愁其身。他們應該是很體面地出現在教室、講堂，以一種自信和自然的心態，對人說教與發言的。

不過，此事誠如《尚書．說命中》所說，「非知之艱，行之惟艱」。

《老子》原文

吾言甚易知，甚易行。天下莫能知，莫能行。言有宗，事有君。夫唯無知，是以不我知。知我者希，則我者貴。是以聖人被褐懷玉。（第七十章）

今譯

我的思想很容易瞭解，很容易實行。但天下人卻不能明白，不能實行。

持論有宗旨，行事有根據。正由於於道無知，所以不能懂我。懂我的人越少，取法我的就越難得。所以有道之人通常身披粗衣而內懷美玉。

注釋

宗：宗旨、主旨。

君：主宰、根據。

則：法則，此處用作動詞，作取法講。

貴：難得。帛書甲乙本、北大本作「則我貴矣」。

褐：粗布。帛書甲乙本「被褐」下有「而」字。

有時候「勇於不敢」是一種大勇

勇於敢則殺，勇於不敢則活。

老子有許多話，乍看之下都讓人不明白，譬如對「勇敢」一詞的辨析就是如此。勇敢者好冒險，容易危及生命，故勇士多死於戰場而難得善終，是謂受「害」；不勇敢者凡事畏避退縮，故每能全身遠禍而易享期頤，是謂獲「利」。這個意思我們懂。

我們所不懂的是，當山崩地裂，大敵當前，要人做到面不改色的確難，故人能「勇於敢」就很值得誇獎；但遇事畏避，處世退縮，或苟全性命於亂世，更安享庸福於承平，躲在家裡飽食三餐，這有何難，也需擾動「勇敢」這樣氣概的好詞，說什麼「勇於不敢」？

其實，老子顯然不是說居家過太平日子就是勇敢，他無意於在這樣淺薄的層面上展開這個話題。他想得更多，看得也更深。在老子的時代，社會急劇轉型帶來的結構性變動，深刻地影響了每一個人。許多野心勃勃的霸主急於登臺建功，許多無田可食的士人急於重獲飯碗，所以不免人人懷自利之心，把社會風氣弄得汙七八糟，史稱「上不明，下不正，制度不立，綱紀廢弛」，「君子犯禮，小人犯法」（荀悅《漢紀》）。因為這樣的原因，尊禮重信、祭祀聘享沒多少人講了，宗姓氏族、赴告策書也沒幾個人提了，儘管這些原本都是國之大事。這說明什麼？說明大利在前，許多人已沒了顧忌。心中有了利益，頭上便很容易沒了神明。為了實現個人利益的最大化，有什麼事是這些人不敢做的？所以在那個時候，「勇敢」不再少見，知道敬畏有所不敢的反倒很是難得。特別是，**在別人爲爭權奪利而「勇於敢」的時候，他能「勇於不敢」做這些事**，就由不得你不佩服。

老子正是在這個意義上肯定「勇於不敢」的。他稱「勇於不敢則活」，不是指苟活，而正是說這樣的人不趕流行，別有懷抱，**凡事謙下，甘居人後，在你們爭名奪利的時候，他心存畏避，有所不爲，從而保證了自己在生活中的應對自如**，在精神上得以豐裕，從而使自己的「活」顯現出一種「生活在別處」的存在的詩意。在第七十六章中，他說：「堅強者死之徒，柔弱者生之徒」，在前已論及的第六十七章中又說：「不敢為天下先」，其實都是這個意思。

聯想到《墨經》上說：「勇，志之所以敢也。以其敢於是也命之。不以其不敢於彼也害之。」如果這個判斷是正確的話，那麼，我們也可以說，那「勇於不敢」於爭名奪利的人，固然是此道中的不敢者，但未嘗不是別一道的勇敢者。老子哲學引人興味的地方就在這裡。說「勇於敢」具有正面的意義人所共知，說「勇於不敢」更具價值並讓人深感折服，是老子的創見。僅從這一點，似已可體會，相對於孔孟為代表的儒家學說，老莊為代表的道家學說是更有究問意識和批評精神，因此也更接近於哲學的。

《老子》原文

勇於敢則殺，勇於不敢則活。（第七十三章）

今譯

勇於橫強就容易送命，勇於柔弱就能存活。

注釋

敢：此處指橫強。

不敢：此處指柔弱。

法理不外乎人情，一味專制嚴苛是沒有用的

民不畏死，奈何以死懼之？

中國的官本位思想和草民思想向來發達。在這一片昏濁晦昧中，民本思想尤其閃爍著人道主義的光輝。先秦諸子中，有許多人論及此意，表達對百姓誠意的關懷。其中要數老子的說法尤其沉痛，也尤其有力度。並且，唯其沉痛，才見力度，唯有力度，尤見沉痛。

在上列第七十四章引文的後面，他緊接著說：「若使民常畏死，而為奇者，吾得執而殺之，孰敢？」也就是說，人民若有畏死之心，則遇到犯法為亂的，可以將他抓來殺了，看誰還敢作亂？現在他們已經窮苦到了極點，沒有什麼可失去了，沒有什麼

可怕的了，包括死，為政者為什麼還要用死來威脅恐嚇他們呢？提問嚴峻至極，直指在上者嚴刑酷法深文羅織之重，顯見其虛怯無奈喪心病狂之甚。

春秋戰國時代，一方面王命不行，列國內亂，諸侯兼併，正如司馬遷《史記・太史公自序》所說，「弒君三十六，亡國五十二，諸侯奔走不得保其社稷者不可勝數」。另一方面，統治者以威權凌駕於百姓之上，一味放任私欲，無所忌憚。《左傳・昭公二十年》所載齊景公「布常無藝，徵斂無度，宮室日更，淫樂不違。內寵之妾，肆奪於市；外寵之臣，僭令於鄙。私欲養求，不給則應。民人苦病，夫婦皆詛」，是一顯例。由此造成整個社會嚴重地兩極分化，富者良田無數，貧者無處立足。故老子說：「民之飢，以其上食稅之多，是以饑。民之難治，以其上之有為，是以難治。民之輕死，以其上求生之厚，是以輕死。」人民所以飢餓，是因統治者吞沒稅賦太多。**人民所以難治，是因統治者太愛妄興事端。人民所以輕死，是因爲統治者求生太過**。

那時，為了防止人民的反抗並維護自身的利益，各國統治者都曾制定一系列的法律，諸如「刑書」「刑鼎」和《法經》等成文法的頒布，很大程度上剝奪了人們應有的權利，以至於奴隸和底層人民不堪其辱，或集體逃亡，或起事反抗的在在多有，有關「盜」患的紀錄因此也斑斑在史。老子曾為周王室的守藏史，管理著王朝的檔案，對上古社會的祥和與眼下社會正發生著的變化自然瞭若指掌，所以發起疑問，直指要害。

不僅如此，他還清醒地指出：「民不畏威，則大威至。」（第七十二章）也就是說，當人民不再懼怕統治者的威權，則更大的禍亂就要出現了，這可以說是一個極具針對性的警告。其時有盜跖，據《莊子．盜跖》記載，就率眾起事造反，「從卒九千人，橫行天下，侵暴諸侯穴室樞戶，驅人牛馬，取人婦女……所過之邑，大國守城，小國入保，萬民苦之」，不就是這樣的禍亂嗎？

當時因與其兄柳下季為友，孔子曾去見過盜跖，有意規勸其從正，故先是誇他一表人才，再叫他罷兵休卒。盜跖聽了大怒，直斥孔子「愚陋恆民」，你當我二傻子哪。他很鎮定地說出自己的道理：人之常情是「目欲視色，耳欲聽聲，口欲察味，志氣欲盈。人上壽百歲，中壽八十，下壽六十……不能說其志意，養其壽命者，皆非通道者也」。意思是說，人活一世，都想滿足自己的欲求，除口腹、聲色和長壽之外，還有志得意滿以抒發抱負的精神追求。如果不承認這一點，就不是明於道理的通達之士。

可見，老百姓也有老百姓的欲望，你過分踐踏他們的欲望，不激起民變才怪。

不過，從實際的情況看，留心這句話的統治者不多。不是聽不懂，是聽不進去。

《老子》原文

民不畏死，奈何以死懼之？（第七十四章）

民之輕死，以其上求生之厚，是以輕死。（第七十五章）

今譯

人民不畏死亡，為什麼還用死亡來恐嚇他們？

人民所以輕死，是因為統治者的奉養太過，弄得人民無以維生，所以才輕視生命。

注釋

奈何：為何。

輕死：不畏死，也可解為不惜死，如輕生自盡等等。

厚：豐厚，此處指自我奉養過於豐侈。參見第五十章「人之生，動之於死地，亦十有三。夫何故？以其生生之厚」。

向大自然學習，以有餘補不足

天之道，其猶張弓與？高者抑之，下者舉之；有餘者損之，不足者補之。

人道主義是外來的思想，它講究無差別地對每一個個體給予尊重，結果人都被搞得很難伺候，太懂得維護自我的權利。這自然是一部分東方人粗陋的看法。因為事實是，那些懂得維護自我權利的人，也同時最懂得維護別人的權利。英國哲學家史賓塞就說過：「沒有人能完全自由，除非所有人完全自由；沒有人能完全遵守道德，除非所有人完全遵守道德；沒有人能完全快樂，除非所有人都快樂。」**因爲尊重了別人，你才有可能被充分尊重。**這是一個很切要的道理。

但在老子的時代，沒有這樣的人道主義，什麼無差別地尊重每一個人，聽來就像夢話一樣。那麼，那個時候的「人之道」，也就是人們所遵行的社會一般準則是什麼呢？老子沒作長篇大論的講論，也可能他習慣於要言不煩，也可能對著這個昏昧的世道，他直想著背過臉去而無心言他。是啊，都已經是這樣的貧富懸殊，都已經是這樣的公道不彰，還能多說什麼呢？若硬是要說，有些人太會做事了，做了一點事又太愛居功了，居那一點功時太自炫聰明、自以為是了。其實這些人都沒有在行人道。如果非說他們行的就是人道，那人道哪有天道好。

謂予不信，請以張弓作譬：弓沒張開時，兩個弓梢之間的距離比弓背到弓弦之間的距離要大好多。待其張開，上梢自然降低，下梢隨之抬起，弓的長度變小了，寬度則增加了，其情形像是用該長度的有餘，來彌補原先寬度的不足。**天之道就是這樣，減少那有餘的，彌補那不夠的。**人之道則反是，剝奪不足，奉給有餘。說這些時，老子又一次有些激憤。

其實在擁有人道主義的西方，也並非全然是人道無缺的，相反，問題也很多。只要讀讀《新約》之四福音書，想想「凡有者必固與之，凡無者即若有之亦必取之」的「馬太效應」（Matthew Effect，兩極分化現象）就知道了，全世界都有一樣的問題啊。

不過，儘管如此，老子仍不是一個超道德主義者，他沒有要求人以僅有的不足來奉給天下，而自己背著人去喝西北風。他說：誰能把自己有餘的部分拿出來供給天下，就是有道之人了，並認為只有有道之人才會這樣做。這實際上是很清醒而現實的判斷。從這個意義上說，老子其實是一個輕微的理想主義者。

《老子》原文

天之道，其猶張弓與？高者抑之，下者舉之；有餘者損之，不足者補之。天之道，損有餘而補不足。人之道，則不然，損不足以奉有餘。（第七十七章）

今譯

自然的規律，豈不就像拉弓一樣？弓稍高了就把它壓低，低了就把它抬高；拉長的讓它減少，縮小的讓它增長。

自然的規律，減少有餘用來補充不足。人世的法則，卻不如此，時常是剝奪不足用來供奉有餘。

注釋

人之道：指社會的一般律則。

奉：給予。

43 心中平和寧靜就是桃花源

小國寡民。使有什伯人之器而不用，使民重死而不遠徙。

在人類的文明發展史上，但凡一個時代比較昏暗壓抑，或比較缺乏理性與溫情，都會激發出人們對理想國度的嚮往。小國寡民就是老子基於當時社會的現狀，為人設計出的一個理想國度。

作為對照於有問題的現實而構想的烏托邦，老子在其中幾乎投入了自己全部的熱情，因此，在他詩意的描繪中，我們讀得出他那些非常有個人特點的道德內涵。譬如沒有兵禍的逼迫，因為他基本反戰；沒有嚴苛的刑法，因為他主張無為；沒有驕狂的君長，因為他反對人主的多欲；沒有詐偽的百姓，因為他反智、謙下和不爭。乃至安土重遷、樂生重死的訴求，在這章短短的文字中都能找到。所以，說這種對理想國的描繪，可以幫助我們更真切地瞭解老子思想的精華，乃至成為熟悉這種思想的精神地圖，很是恰當。

或以為，老子試圖把人勸回到原始社會中去，其實，已有許多研究者指出，那是對老子意思的誤解。很難統計這是第幾次被誤解了。確實，只消看看這個理想國中有「舟輿」有「甲兵」，人們能夠「甘其食」「美其服」，而不是食剛果腹，衣才蔽體，就可以知道它與原始社會並無關係。老子是個明於史的文化人，最知道浩浩湯湯的時代潮流，它流向哪裡？是往回流嗎？老子知道顯然不是。

在他的理想設計中，需要有甲兵，包括由甲兵所代表的國家機器，他只不過說，當一個國家上下和睦的時候，它們基本上就派不上什麼用場了。至於文字也是如此，他並不是要取消文字，而是因為國家平安無事，人們心中安和無事，要做的都是簡單之至的事情，要說的也都是人人明白的話，所以不需要繁複的文字，包括「多言」和「美言」。當然，花心事分疏它究竟是可信的美言還是弄巧的美言的時間也可以省去。為了教人這種分別，他感到自己實在說得太多，所以回到結繩記事，恐怕是他一種浪漫且詩意的表達吧。

早期中國古代社會，屬一種原始合作型的農業自然經濟，之後發展為小農業和家庭手工業相結合的地主經濟。由於歷史上氏族社會的解體不足，造成了整個社會宗法意識大量留存，家族制度非常發達。加以當時採用的是勞動力與土地自然結合的生產方式，由此建立起的社會，必定是一種與外部聯繫鬆散甚至隔絕的區域型小社會。這種小社會在展開實際的生產時，原材料和生產過程的距離非常有限甚至常常合一，產品與消費過程的距離也非常有限甚至合一，使得人被牢牢地束縛在土地上，所以在老子推稱其為「至治之極」的時候。我們對此應有一個正確的解讀。那就是它不應該是老子真想要實現的一個實有的社會或國家，與其說那是一個實有的社會或國度，不如說那是他嚮往的一種理想的境界。《老子》五千言，通篇都可見到這樣的境界。

這樣的境界，之後被人引用作「桃花源」的主題演繹下去。但正如王維《桃源行》所詠歎的：「峽裡誰知有人事，世中遙望空雲山。不疑靈境難聞見，塵心未盡思鄉縣。」哪裡是人可以安處的家園？哪裡有人可以詩意地棲居？它不在桃源，而在人間。

《老子》原文

小國寡民。使有什伯人之器而不用，使民重死而不遠徙。雖有舟輿，無所乘之；雖有甲兵，無所陳之。使民復結繩而用之。甘其食，美其服，安其居，樂其俗。鄰國相望，雞犬之聲相聞，民至老死，不相往來。（第八十章）

今譯

國小民稀。即使有十倍百倍人工的器械卻不使用，使人民敬畏死亡而不遠遷。雖有船隻車輛，沒必要乘坐；雖有鎧甲兵革，沒機會去施展。使人民回復到結繩記事的生活。

以所吃的食物為美味，所穿的衣服為美服，所住的地方為安居，所處的習俗為良俗。鄰國之間互相看得見，雞鳴狗吠彼此聽得著，但人到老死，都互不往來。

注釋

什伯人之器：指相當於十倍百倍人工之器。此句王弼本及諸本均作「什伯之器」，嚴遵本、河上公本作「什伯人之器」，帛書甲乙本同，故從。「什」，十倍；「伯」，百倍。

不遠徙：帛書本作「遠徙」。意作遠避解，與今本意可通，故不改。

民：王弼本作「人」，帛書乙本、傅奕本、景龍本、河上公本及其他古本均作「民」。

給得愈多，就擁有愈多

> 聖人不積，既以爲人己愈有，既以與人己愈多。

樂善好施的美德存在於東西方許多民族的文化中，更存在於不同膚色的人們的心底。人們為什麼樂於做這樣的事情？是為了表示對一種德行與崇高的服膺嗎？是為了看到別人這麼做，因此自己也做，並由此期待與別人一樣獲得社會的尊敬嗎？都不是，至少不全是。**道德在其最極致處是不排斥自己的，相反，它在成人的同時也成己，成人的目的正爲了成己**。老子的上述說法就是一個很好的例子。

當然，他主要是針對在上者說的，他要統治者「不積」，是希望他們能做到「為而不爭」，即施惠於天下而不與天下爭利。倘若聖人也可以談「積」的話，那也應該是「積德」，所謂「早服謂之重積德，重積德則無不克，無不克則莫知其極」（第五十九章）。至於窮人，連自己的肚子都填不飽，他是不提這種要求的。

現在的中國人變得富裕了，也開始討論怎樣處置財產的問題了。讀了老子的教訓，或許我們能領會，最應該正視這個問題的不是那些日求三餐的小民，也不是大多數寫稿填肚的書生。或以為，就是工商鉅子、財經名流，人家經年打拚，算計經營，存下來的錢，除了上繳國庫和父母，以後很有可能都要用來看病，你是不是想讓他們率先垂範，全都改姓歸公才後快啊？其實，這是一種嚴重的誤解。接受著老子的教訓，我們想說的是，上述這些成功人士，最有可能領先一步獲得精神的滿足和道德的提升。說真的，我們並不羨慕他們的財富，我們羨慕的是，他們居然比我們早一步體嘗到了人生施者樂於受者的幸福。這是一種多麼難得的幸福啊！

至於因為市場經濟發育的不健全，許多財富在其發跡之初都有其的原罪等等，就不是我們考慮的問題了。再說這種現象在全球範圍內普遍存在。如果一個成功人士真正做到對社會心存感激並不染銅臭，他會去認真考慮解決之道的。總之，我們不討厭財富本身。中國人說過，士有恆產，方有恒心；西方人也說過，資產是文明的基礎。

我們有可能會對財富心生厭惡，僅基於人們對它的處置方式不盡合理。所以，我們的結論是，誠如英國經濟學家托尼（R. H. Tawney）《貪婪的社會》所指出的那樣，這個世界上有「大量的贓物轉化成了財產」，但有了財產，畢竟也成就了像巴菲特、比爾・蓋茲這樣的了不起的人物。在欽佩他們的慷慨和愛心的同時，我們再一次對他們居然領先於我們體嘗到這大好的幸福，表示由衷的羨慕。

回過頭來再看看莊子，他也曾說及「不積」的話題。在《莊子・天下》中他說：「以本為精，以物為粗，以有積為不足，澹然獨與神明居，古之道術有在於是者。」「人皆取實，己獨取虛，無藏也故有餘。」莊子以為，相對於大道精妙，物為粗；相對於無用的精妙，有用為粗。貪而儲積，心常不足，是為有「實」，取實容易生貪，汩沒神明不算，最終恐怕並不一定就能足實。唯有知足止分，以不積為足，則雖無私藏，仍能有餘。他真是道家學說很好的發揚者，他以自己的認識，從另一個側面補充了老子的思想。如果，你一定要說，他的這種表述同樣可以為上述散財的西方哲人作一注解，我雖略覺突兀，但也不能多說什麼。

《老子》原文

聖人不積，既以為人己愈有，既以與人己愈多。（第八十一章）

今譯

聖人不好藏私，盡其所有來幫助別人，自己反而更充足，給予別人更多，自己反而得到更多。

注釋

積：累積、積藏。不積，指虛而不藏。

後記

個人以為，要真讀懂《老子》，須從**史實考辨**、**義理辨析**和**文化闡釋**三個角度切入。有鑑於以往研究不同程度存在著不重訓詁、版本，忽視文本各部分有機聯繫及其與時代的關聯的毛病，不是「以老解老」，而是「以莊解老」「以儒解老」甚至「以西學解老」，所以前兩個方面的審視就顯得特別重要。好在自二十世紀以來，長沙馬王堆三號漢墓帛書本和湖北荊門郭店楚墓竹簡本《老子》相繼被發現，文獻、考古與語言文字領域內，就作者、版本及文字問題的討論，已基本廓清了《老子》成書的年代及其真偽問題，而通過比較帛書本、竹簡本與通行諸本，更準確地理解老子論說的原意也有了信實可靠的基礎，這實在是今人讀《老子》的大幸。

儘管如此，基於其論說的深邃幽緲，要準確把握全部精義仍非易事。一直以來，有說其主張消極無為的，也有認為它意在救世；有說其盡作權謀術數之談的，也有認為它最是道教的淵藪與養生之發端。而後人的注釋與詮解更是汗牛充棟，光王重民《老子考》所收錄的敦煌寫本、道觀碑本、歷代木刻和排印本存目就達四百五十餘種，嚴靈峰《無求備齋老子集成》初、續兩編所收諸家注本也有三百五十四種。此外《道藏》中另有《老子》注五十餘種，確切的數字很難詳備。至於其作者，既有儒釋道三教中人，也有帝王將相和庶民百姓。這些注釋與詮解的品質參差不齊，有的見解不凡，但仍不能饜足人心。如宋儒朱熹就以為「解注者甚多，竟無一人說得他本意出，只據臆說」（《朱子語類》卷一百二十五）。元人杜道堅更稱「道與世降，時有不同。注者多隨時代所尚，各自其成心而師之。故漢人注者為漢老子，晉人注者為晉老子，唐人、宋人注者為唐老子、宋老子」（《玄經原旨發揮》，《道藏》第十二冊）。它們不啻給《老子》原書的解讀添上了重重障礙，但卻又是今人究明《老子》原旨繞不過去的津梁。

簡要地說，老子學說在戰國時就廣受重視，不僅韓非專門作《解老》《喻老》以表達自己的理解，稷下慎到、環淵、田駢等人也有許多闡發。到漢代，景帝以其「義體尤深，改子為經，始立道學，敕令朝野悉諷誦之」（唐釋道世《法苑珠林》卷六十八），一時研議者眾，據《漢書．藝文志》記載，計有《老子鄰氏經傳》《老子傅氏經說》《老子徐氏經說》和劉向的《說老子》等多種。不過要特別指出的是，漢人將老子與黃帝放在一起推尊，凡所論列實際已不再是原初意義上的老子之學；進而其所謂的道家，也已不再是今人所說的老莊道學，而如司馬談《論六家要旨》和《漢書．藝文志》所揭示的，指綜合了儒、墨、名、法及陰陽家思想的黃老之學。

魏晉南北朝時期，《老子》一書在士族名流中尤其風行，借助《隋書．經籍志》的記載，可以知道自王弼以下，如鐘會、孫登、劉仲融、盧景裕、李軌、梁曠、顧歡、孟智周、韋處玄、戴詵乃至梁武帝等人都有注釋。可惜除王弼《老子注》外，其他均已亡佚。王弼自幼聰慧過人，才十多歲就好鑽研老子之學，且通辯能言。他還著有《老子指略》一書，能打破漢代經學傳統，對老子學說作出精闢的論述。且與嵇康、阮籍等人承莊子逍遙、齊物之說，任情發揚個體精神自由的志趣不同，他雖主張「以無為本」「以有為用」，並專注於自己玄學形而上學的建構，但相對而言，在將老子宇宙生成論改造為玄學本體論的過程中，對《老子》原典有諸多研究，對進入中土後的佛教以及宋明理學的影響也很大。

唐統治者自認出於柱史，開國即奉行「先老後釋」的政策，因此其時注《老子》

者也很多，史載達三十多家。不過，因唐宋時期儒釋道三家並存，故一時注者如杜光庭、陸希聲、陳景元等人，大多注意從魏晉人的玄學思辨中脫出，致力於「道物不二」與「體用一如」之旨的發明。不僅好用老子之說修身養性，如杜光庭的《道德真經廣聖義》就綜合三教思想解說《老子》，提出「煉心」「煉形」之說，宋明理學家更沿用其所創設的「理」「氣」「無極」「動靜」等名言討論宇宙及心性本體，從而基於一種「明體達用」的言說立場，將其與儒家的「內聖外王」打通為一。

清代樸學盛行，孫承澤、畢沅、汪中、梁玉繩和崔述等人都對《老子》其人其作做過考證，提出過許多懷疑，但除傅山《老子解》和魏源《老子本義》等有數的幾種外，義理上的發明似弱於前人。值得一提的倒是像王夫之《老子衍》和梁章鉅《老子隨筆》這類著作，前者將老子思想與佛禪、申韓並列為禍亂世道的根源，「於聖道所謂文之以禮樂以建中和之極者，未足以與其深也」，後者乾脆稱「老子為暴秦及其亡之階」。儘管具體論述中並未將其徹底否定，相反，如王夫之還認為擇善而從可防「生事擾民」，有益於治，但這樣峻刻的批判，還是能給人認識老子之說的多方面影響以啟發。

這種多方面影響自然在道教中體現得最為明顯。如前所說，漢初黃老之學盛行。自漢桓帝在宮中立黃老浮屠之廟，老子漸漸化身為仙。以後，繼民間形成宗教色彩濃厚的黃老道，到張陵尊老子，創天師道，晉時如《神仙傳》將其進一步神化，奉為帝君，尊稱老君，老子已非原來的面目。然後再到南朝陶弘景《真靈位業圖》拿太上老君道德天尊與虛皇道君元始天尊、太上道君靈寶天尊、後聖金闕帝君並列為最高神，其深入中國人信仰根柢的形象重塑遂告完成。其「抱一守靜」「虛心實腹」等主張不僅成為神仙家的不二法門，並影響及內丹一派及後世的氣功養生。題名為呂洞賓所著《道德經釋義》和晚清道士黃元吉所著《道德經注釋》，就是其中有代表性的專書。此外，相對實在的是《老子》還被人視為兵書，如唐後期王真就著有《道德經論兵要義述》。這部道家軍事政治學名著先後被收入明《正統道藏》和新編《道藏》，其中所闡述的「用其所不用」「權與道合」等用兵之道，似乎確與老子的辯證思想有相通相合之處。

凡此為老子學史發展的要點，至若其間種種委屈小變，不可勝道。之所以作此擇要概述，除為了彌補因體例限制造成的本書論說上的缺憾外，私心也希望它能是一種提醒：當老子越來越多地為今人所熟知，道家學說甚至被一些學人奉為中國哲學乃至文化的主幹（見陳鼓應《論道家在中國哲學史上的主幹地位——兼論道、儒、墨、法多元互補》，《哲學研究》一九九〇年第一期），**如何不僅僅從「用」的角度作浮光掠影的闡述，還能從「體」的層面進入其思想的核心，是一道擺在人們面前的莊重的考題。**

所以，值此舊作再版之際，我們還是要問，如果老子哲學是一個堅硬的核桃，那麼它的核心向你敞開了嗎？或者，你是它樂意敞開的那個人嗎？

汪涌豪　戊戌仲春於巢雲樓

國家圖書館出版品預行編目 (CIP) 資料

時代太喧囂，幸好有老子．汪涌豪 作
初版．新北市．野人文化出版
遠足文化發行．2019.05
面； 公分
ISBN 978-986-384-348-1(平裝)

1. 老子 2. 研究考訂

121.317 108005243

時代太喧囂，幸好有老子
Eastern Philosophy：Lao Zi

作者：汪涌豪｜社長：張瑩瑩｜總編輯：蔡麗真｜編輯：蔡欣育｜校對：魏秋綢｜行銷企劃：林麗紅｜封面設計：萬勝安｜內頁設計：劉孟宗｜目錄插畫：陳若蓁｜出版：野人文化股份有限公司

發行：遠足文化事業股份有限公司｜地址：231 新北市新店區民權路 108-2 號 9 樓｜電話：(02) 2218-1417｜傳真：(02) 8667-1065｜電子信箱：service@bookrep.com.tw｜網址：www.bookrep.com.tw｜郵撥帳號：19504465 遠足文化事業股份有限公司｜客服專線：0800-221-029

讀書共和國出版集團 社長：郭重興｜發行人兼出版總監：曾大福｜印務：黃禮賢、李孟儒｜法律顧問：華洋法律事務所 蘇文生律師｜印製：成陽印刷股份有限公司
初版 2019 年 5 月

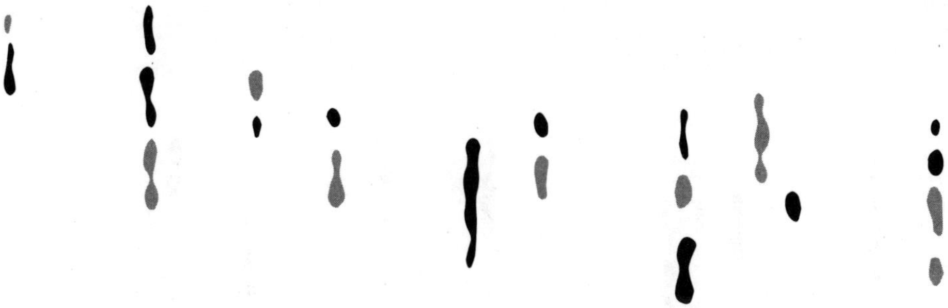